여인의 사연들
아무도 모르는 이 아픔을

여인의 사연들
아무도 모르는 이 아픔을

초판 인쇄 2024년 10월 15일
초판 발행 2024년 10월 25일

지은이 미우라 아야코
옮긴이 김지숙
펴낸이 홍철부
펴낸곳 문지사
등록 제 25100-2002-000038호
주소 서울특별시 은평구 갈현로 312
전화 02) 386-8451/2
팩스 02) 386-8453

ISBN 978-89-8308-605-1 (03830)
값 15,000원

ⓒ2024 moonjisa Inc
Printed in Seoul Korea

* 잘못 만들어진 책은 구입하신 서점에서 교환하여 드립니다.

여인의 사연들
아무도 모르는 이 아픔을

미우라 아야코 지음 | 김지숙 옮김

문지사

차례

1 부부의 사랑
부부는 아픔으로 크는 나무 / 8
병상에서 보랏빛 아픔을 전하며 / 14
나만의 비밀 상자 / 21
내가 당신이라면 / 27
침묵의 대답 / 33
애완동물은 또 다른 내 안의 반려 / 39
화장하면 마음에 꽃이 핀다 / 45
한 줌의 사랑 한 줌의 행복을 / 51
가정은 사랑의 음계音階 / 57
사랑은 인내의 숨은 꽃 / 63

2 삶이 지나가는 길목에서
침묵으로 말하고 싶다 / 72
오늘 나는 강물이 되어 / 79
오시마大島에서 고독한 침묵을 걷어 올리며 / 85
소중한 사람이 떠난다는 것은 나를 잃어버리는 시간이다 / 92
앞뒤가 없는 삶을 살면서 / 99
중량보다 감량이 더 무거운 삶 / 106
길이 없어도 길을 가는 사람들의 꿈은 / 112
삶의 자물쇠로 고민하는 당신에게 / 119
하늘에 핀 꽃으로 살아가려면 / 125

차례

말은 나를 위한 대변자 / 131
우리는 쉴 곳을 찾는 외로운 삶의 나그네 / 137
길을 걷다가 꽃 피운 이야기 / 143
행복 한 줌 뿌리고 싶은 날 / 149
삶의 시간에 매달리고 있는 나 / 156
계획도 약속도 없지만, 내일은 있다 / 163
어두운 영혼에 삶을 물으며 / 169
봄비 같은 일상의 일기를 쓰세요 / 175

3 부모의 사랑
네가 나보다 소중하다는 그 하나만 간직하고 싶은 마음을 / 182
구름과 별을 키우는 어머니 / 188
당신의 아픔을 나의 고뇌로 / 194
당신은 파도의 길이었습니다 / 200
천국에는 전쟁이 없습니다 / 206
맑고 빛나는 이야기를 하고 싶습니다 / 213
무엇으로 내일을 기다리는가 / 219
바람은 목적 없이도 숲속의 나무를 키운다 / 225
어머니는 영혼의 길잡이 / 232
이 책을 끝내면서 / 238

느티나무 숲 위를
원 그리며 맴도는
둥지 찾는 맵새에
석양빛이 곱구나

지빠귀 쪼아내는
꽃잎이 소복한데
그래도 벚꽃만은
말없이 피어나네

1
부부의 사랑

부부는 아픔으로 크는 나무

부부는 아픔으로 크는 나무

P코 씨.

전혀 생각지도 않은 글을 받고, 나는 깊은 생각에 잠겼습니다. 이혼이라는 말은, 그렇게 함부로 쓰는 말이 아닙니다.

물론 당신도 생각다 못해 끝내 이혼해야겠다고 마음먹었겠지만, 꼭 이혼하는 길밖에 다른 방도가 없는 걸까요?

나는 당신의 남편을 본 일이 없지만, 당신이 보내온 편지에 적힌 내용대로의 사람이라 할지라도, 이혼할 것까지는 없지 않나 하는 마음입니다.

당신은 결혼 후에 그가 결혼 전과는 딴판이라고 말씀하셨지요? 뭐가 달라졌는지 나로선 알 길이 없지만, 본질적으로는 그다지 달라진 게 없지 않을까요?

이를테면 결혼 전에는 당신 앞에서 방귀를 뀌는 일은 없었으리라고 봐요. 하지만 결혼 후에는 사정이 달라졌겠지요. 향기롭지 못한 예를 들어 죄송해요.

결혼 전에 데이트할 때, 남편은 당신 앞에서 결코 하품을 한 일도 없었으리라고 봐요. 하지만 지금은 거침없이 하품하실 거예요. 안 그런가요?

이처럼 결혼 후에는 몸도 마음도 느긋하게 되는 게 당연하다고 봅니다. 또 가정이라는 울타리 안은 그처럼 자기 자신을 속속들이 드러내 놓을 수 있는 터전이기도 하지요.

당신은 편지에서 남편의 음식 먹는 모습이 천하다느니, 이를 닦지 않고 잠자리에 든다느니, 마작에 열중한다느니 말씀하셨지요. 또 자기 살붙이에게는 신경을 쓰지만, P코 씨의 친정 식구들에게 냉담하다고 말씀하셨지요?

"평생 당신을 행복하게 해줄 거야."
하고 운운하던 결혼 전 언약은 공수표였다고 화를 내고 계셨군요. 또 당신은 이런 말씀도 하셨어요.

"제멋대로 행동하는 저런 작자와 평생을 함께 살아야 한다고 생각하면 매일 매일이 죽음의 연속이야."

하긴 결혼하고 1년이 될까 말까 하는 20대 중반의 당신에게 이러한 일들은 확실히 중대한 문제인지도 모르겠네요. 그렇다고 조급하게 이혼까지 생각하는 건 좀 지나치지 않나요?

조금도 행복하게 해주지 않았다고 말하기엔, 아직은 좀 이른 감이 있지 않을까요?

음식 먹는 태도가 다소 천하게 보인다는 건 식욕이 왕성한 20대의 젊은 남자임을 생각할 때 가혹한 말이 아닐는지요? 쩝쩝 소리를 내며 먹는다지만, 아마 당신이 손수 만든 음식이 맛있어서 입맛을 다시며 신나게 먹고 있는지도 모르지요? 그걸 천하다고 평하는 것은 어쩐지 안타까운 생각이 드네요.

모르긴 해도 결혼 전에 당신과 데이트할 때도 그런 식으로 음식을 먹었는지도 모르지요. 하지만 그때 당신 눈에는 그게 천하게 보이지 않았던 거예요.

여기에 정직한 문제가 있다고 나는 생각합니다. 당신의 마음이 식어 젊은 남편의 일거일동을 차가운 눈길로 보고 있는 게 아닌가 하는 생각이요.

게임을 한다고 하셨는데, 그 게임 때문에 가정생활이 쪼들리게 됐다고는 말씀 안 하셨지요?

물론 신혼 초인 당신이 밤늦게까지 남편을 기다리는 게 얼마나 쓸쓸한 일인가를, 나도 모르는 바 아니에요.

하지만 대개 남편들은 365일 정각에 어김없이 귀가하여 아내와 함께 시간을 즐기는 건 아니랍니다.

당신은 신혼 시절이란 좀 더 달콤하게 두 사람만의 생활을 엔조이enjoy하는 것이라 단정 짓고 있는 것 같군요. 하지만 그건 이상이고, 현실적으로 댁의 남편은 합격점이라고 봅니다.

또 남편이 자기의 살붙이만 중요시하고, P코 씨의 친정 식구들에게는 냉담하다고 말씀하셨지요? 그걸 잘하는 일이라고는, 물론 나는 말하지 않겠어요. 이 문제에 대해서는 공평하게 대해야 한다고 봐요.

하지만요, P코 씨. 남편은 아직 25세인걸요. 25세라는 나이는 몇 해 전까지만 해도, 아직 미숙한 청년이었던 나이라고요. 몸은 어른이 됐지만, 아직 어리다고 말입니다.
 게다가 인간은 원래가 자기중심으로 태어났어요. 나는 기회 있을 때마다 강연이나 작품을 통해 말하지만, 정말로 인간은 자기중심적인 존재예요. 이해하셔야 합니다.
 우리는 자기의 소중한 물건을 남이 깨뜨렸을 땐, 몹시 화를 내지요. 하지만 자기가 깨뜨렸을 때도 마찬가지로 크게 화를 낼까요? 모르긴 하지만, 그다지 화를 내지 않을 걸로 봐요.
 나 역시 화를 내지 않는 쪽이죠. 깨뜨린다는 행위는 똑같은데, 어째서 남에게는 화를 내고 나 자신에게는 화를 내지 않는 걸까요?
 이처럼 인간이란 자기중심적인 존재입니다. 그리고 이 자기중심적인 자신이 행동하는 곳마다 심적인 얼굴을 내미는 겁니다.
 앞에서 말한 살붙이에 대한 문제도 그 하나지요. 인간 본연의 모습을 똑똑히 파악해 두지 않으면, 우리는 상대방에게 엉뚱한 환상을 품게 되는 나약한 존재랍니다.
 우리 부부가 결혼할 때, 목사님은 이렇게 말씀하셨어요.
 "식을 올렸다고 해서 다음 날부터 당장 부부가 되는 건 아니다. 일생 걸려서 부부가 되는 동행이다."
 이 말은 우리 부부에게 천 근과도 같은 무게로 가슴을 파고들었어요. 이제 막 결혼했을 뿐인데, 이상적인 남편이 되고 아내가 되라는 건 매우 어려운 삶의 주문이에요. 1학년은 어디까지나 1학년이잖아요.
 최근 나는 이런 의미의 말을 들은 적이 있어요.
 "남자는 그 어머니의 손길에 길러지고, 아내의 뜻에 의해 인간이 된다."

 이 말은 남자를 여자로, 아내를 남편으로 바꿔 놓을 수도 있다고 봅니다.

 다시 말해서 남자도 여자도 어머님 밑에 있을 때는, 아직 길러지는 상태인 겁니다. 완전히 성숙한 건 아니지요. 인간으로서 성숙하기 위해서 남편의 사랑, 아내의 사랑이 더 필요한 시기라고 봅니다.

 '내가 참고 있을 땐, 상대방도 참고 있을 것이다.'라는 말도 있어요.

 결혼 후 1년 동안이 의외로 상대방에게 실망을 주는 인내의 시기이지요. 이 기간이 어느 의미에서는 가장 위험한 위기일지도 모르지요. 상대방에게 품고 있던 환상이 하나하나 소리를 내며 사라져 가는 낙하의 시기인지도 모릅니다.

 하지만요, P코 씨.

 당신이 결혼한 상대는 하나님이 아니에요. 완전하지 못한, 말하자면 평범한 한 사람이랍니다. 단점도 있지만 장점도 있는 사람이지요.

 너무나 자기중심적이어서 처치 곤란한 것처럼 보이지만, 어떤 때 생각지도 않았던 친근미를 보이는 인간이기도 합니다. 당신 역시도 하나님처럼 완전하지 못하잖아요?

 P코 씨, 결혼이라는 건, 싫어지면 헤어지면 그만이라는 그런 안이한 생각으로 결합해서는 안 돼요. 일생을 함께한다는 건 서로의 장점과 단점을 지혜로 뭉쳐 짊어지고 가는 동행이라고 생각해야 합니다.

내가 아는 사람 중에는 줄곧 외도만 일삼는 남편을 몇 번이나 용서한 나머지 마침내 평화스러운 가정을 되찾은 사람도 있고, 알코올 중독자가 된 남편한테 얻어맞고 채이고 하면서도, 어떤 수를 써서라도 알코올 중독을 고쳐 주려고 필사적으로 노력하며 살아가는 분도 있지요.

도저히 견뎌낼 수 없는 생활을 인내하는 모습을 보면,

'일생 걸려서 부부가 된다.'

이 말의 무게를 새삼 생각지 않을 수가 없어요.

P코 씨, 인간이란 존재를 좀 더 깊이 생각해 보면 어떨까요? 자기 자신을 좀 더 들여다보면 어떨까요?

그리고 결혼이란 삶의 방법을 다시 한번 음미해 보세요.

당신은 총명하시니, 이 답장은 이제 필요치 않은 듯싶지만, 굳이 여기다 적어봤습니다.

P코 씨의 행복을 충심으로 빌며, 그만 글을 마칩니다.

병상에서 보랏빛 아픔을 전하며

7월 7일, 우리 집 뜰에는 메꽃이 가볍게 바람에 흔들리고 있습니다.

생각지도 않았던 병에 오랫동안 소식 못 드렸습니다. 병상에 누워 있을 때, 친절한 편지를 여러 번 받게 되어 뭐라 감사의 말씀을 드려야 할지 모르겠습니다.

발병한 지 두 달 남짓 되어서야 가까스로 7할가량은 좋아졌습니다. 그래도 아직 3할가량 병세가 남아있다는 계산을 해 봅니다.

다행히 글을 쓸 수 있을 것 같기에 처음으로 책상 앞에 앉았습니다.

나의 병은 대상포진帶狀疱疹이란 것인데, 그다지 흔치 않은, 심신의 피로가 극도에 달했을 때 걸리는 병으로, 몸속에 숨어 있던 바이러스가 신경을 따라 수포가 되어 나타나는 것입니다. 그래서 가슴 같은 데에 생겼을 때 띠를 두른 것 같이 발진한다고 해서 이런 이름이 붙었다고 합니다.

그런데 나의 경우는 물집이 얼굴에 나타났습니다. 처음 3일 동안은 눈이 시리고 통증이 왔는데 물집은 잡혀 있지 않았습니다. 하지만 심한 눈의 통증에 불안을 느꼈습니다.

그 이틀 후 왼쪽 볼에서 아홉 개가량의 좁쌀만 한 종기를 발견했습니다. 그 순간 나는 대상발진에 걸린 게 아닌가 하는 예감에 두려웠습니다. 이 병이 눈으로 오면 실명 위험이 있다고 어딘가에서 읽은 적이 있었기 때문입니다.

나는 즉시 안과로 가서 진찰받았습니다. 진찰 결과 아직 눈에는 이상이 없고 발진만 가지고는 무슨 병인지 의사도 진단을 내리지 못했습니다.

이튿날 나는 피부과를 찾아갔습니다. 발진이 희미하게 물집으로 변화한 것처럼 보였습니다. 따끔따끔 아프기도 했습니다. 하지만 피부과에서는 대상발진은 아니고, 지금 수포가 생길까 말까, 경계에 와 있다면서 나를 돌려보냈습니다.

이렇게 해서 4일째 되는 날 물집이 확연히 얼굴에 나타났을 때, 병세는 손을 댈 수도 없을 정도로 악화하여, 나의 왼쪽 눈꺼풀은 달걀 크기만큼 부어오르고, 볼은 거품 같은 물집으로 엉망이었습니다. 한편 양쪽 눈 사이에 낙타 등과 같은 혹이 생겼는가 하면, 코는 두 개가 나란히 있는 형태로, 입술은 새의 주둥이처럼 뾰족하게 튀어나왔습니다.

38도의 열이 3일간 계속되다가 39도가 되었을 때, 나는 응급실에 입원했습니다. 나는 절실히 느꼈습니다.

제아무리 병명을 빨리 알았다고 해도 손쓸 방법이 없는 일이 있다는 것을 말입니다.

그 당시에는 이 병에는 이렇다 할 처방 약이 없고 의사가 대상포진이라는 걸 알았다고 해도 결정적인 처치는 취할 수 없는 미완의 상태였습니다.

인생에도 이와 비슷한 일이 있는 게 아닌가 생각됩니다.

대상포진이라는 이 병은 격렬한 통증을 수반하므로 제아무리 대장부 사내라 할지라도 소리를 내어 울 정도로 아프다고 합니다.

나 역시도 통증을 느꼈지만, 다행히 나에게는 미우라 미츠요三浦光世라는 세상에 둘도 없는 마음씨 착한 남편이 곁에 있었습니다.

그는 문자 그대로 두 번 쳐다보기가 흉한 꼴이 된 내 곁에서 밤이고 낮이고 그림자처럼 붙어 앉아 손을 꼭 잡고 있었습니다.

이상하게 피부에 직접 손을 댈 수는 없었지만, 환부 바로 가까이 손을 가져다 대자 통증은 어느 정도 가라앉았습니다.

왜 아시잖아요? 이가 아프면 볼에다 손을 대는, 그리고 배가 아프면 자기도 모르게 그곳에 손을 갖다 대는, 이 손놀림은 하나님이 주신 요법으로 우리가 생각하는 이상으로 효험이 있습니다.

손을 쓴다는 말은, 실제로 손을 갖다 대는 일에서 비롯된다는 말 아닐까요?

한 번도 아프다고 호소하는 일이 없는 나에게 입원한 지 며칠이 지났을 때, 간호사가,

"아프다는 말씀도 안 하시고 잘도 견디시네요."

하고 말했지만, 실은 견디고 있었던 게 아니라, 남편의 손이 약손이 되어 나의 통증을 없애 주고 고통으로부터 구해 주었던 것입니

다. 사람의 손에는 정전기가 있어 진정 효과를 가져온다고 하는데, 정말로 그런 것 같습니다.

나는 아파 누워 있는 동안, 남편에게 크게 감동했습니다. 내 얼굴은 도깨비같이 되고, 내 스스로 오이와お쁨¹⁾ 같다고 몇 번이고 말했을 정도입니다.

주위 사람들도,

"오이와 씨가 화내실 거야."

하고 말했을 정도이니, 얼마나 심했는지 짐작하시겠지요.

병에 걸린 것은 얼굴 왼쪽 절반이고, 오른쪽 절반은 괜찮았습니다. 이런 내 얼굴을 보고 남편은 말했습니다.

"우리 아야코는 참 예뻐요. 그 아픈 걸 꾹 참고 있는 아야코는 참으로 아름답단 말이야."

그렇게 말하고는 다음과 같이 노래도 지어 주었습니다.

달걀 크기로 부어오른 눈꺼풀
고름이 질질 흐르는 코가 아파도
참고 견디는 아내의 목소리
어쩌면 이렇게도 상냥할까

나는 남편의 태도를 보고 결혼식 때 목사님의 말씀을 머리에 떠올리지 않을 수 없었습니다. 그것은,

---

1) 일본의 전통 연극 '카부키'에 나오는 추악한 얼굴을 한 여인. 카부키(かぶき 歌舞伎·歌舞妓)는 '카부키시바이(歌舞伎芝居)'의 줄임 말. 에도(江戶)시대에 발달한 일본의 전통적 민중 연극의 하나. (=旧劇)

"건강할 때나 병들었을 때나 그대는 아내를 사랑하겠는가?"
라는 말씀이었습니다.

나는 남편의 진실함에 많은 위안을 받았습니다. 켈로이드 모양으로 흔적이 남을지도 모를 이 병을 나는 마음의 안정을 가지며 편히 치료할 수 있었습니다.

지금도 왼쪽 콧구멍은 찌그러져 있어 오른쪽 콧구멍의 반밖에 안 됩니다. 콧잔등에도 몇 줄 홈이 파여 있습니다.

만약 죽을 때까지 이런 흉터가 낫지 않는다 하더라도 남편은 틀림없이 이런 나를 변함없이 사랑해 줄 겁니다.

무엇보다도 지금의 병을 앓는 동안 내가 가장 두려워한 것은 왼쪽 눈의 실명이었습니다. 작품 원고에 필요한 사료史料를 찾아 읽는 것이 중요한 일 중 하나인 내가 한쪽이라도 시력을 잃는다면 큰일입니다.

안과 의사 선생님은,

"이젠 걱정 없다."

라고 말해 주지 않았습니다.

"실명하지 않는다는 보장은 없다."

고 되풀이할 뿐이었습니다.

그러는 동안 왼쪽 각막이 깨끗이 나왔을 때, 생각지도 않았던 오른쪽 눈의 안압이 높아져 녹내장 발병의 우려가 있다는 것이었습니다.

녹내장은 한쪽이 걸리면 나머지 한쪽에도 파급되는 위험한 안질환眼疾患입니다.

이 안압은 그다음 주에도 내리지 않았습니다. 대상 발진의 후유

증으로 녹내장이 되는 예도 있다는 사실을 안과 의사 선생님으로부터도 들었습니다.

양쪽 눈을 다 잃을지도 모를 시점에서, 나는 50 몇 해 동안 앞이 보였다는 것은 얼마나 커다란 하나님의 은총이었는가를 가슴 깊이 느꼈습니다.

뜰의 나무가 바람에 흔들리는 평범한 광경마저, 나는 새로운 감동을 맛보았습니다.

만약 눈이 보이지 않게 된다면 이 나무가 바람에 흔들리는 것도, 사랑하는 남편의 얼굴도 볼 수 없으리라고 절감했습니다.

만약 양쪽 눈이 실명된다면, 설사 수억의 돈을 들인다 해도 사물을 볼 수 없을 것입니다. 이렇게 생각하면 우리가 눈이 보인다는 것은 수십억 수백억의 돈보다도 더 크나큰 은혜를 하나님으로부터 받은 게 아닌가 생각됩니다.

나는 실명한 분들에 관한 일을 이번처럼 가슴 아프게 생각한 적은 없었습니다.

생각해 보면 귀가 들린다는 것, 말을 할 수 있다는 것, 양손으로 물건을 만질 수 있다는 것, 자기 다리로 일어설 수 있다는 것 등등 그 하나하나가 얼마나 고마운 일인지 측량할 수가 없습니다.

우리는 쉽게 하루하루 평범한 나날을 되풀이하고 있는 것을 부질없는 일이라고 불평을 늘어놓지만, 무사함의 행복을 이번에 나는 마음 깊이 절실히 느꼈습니다.

우리는 돈이나 지위를 원합니다. 하지만 날마다 건강하게 살아있는 것만도 얼마나 풍요한 은혜인가를 생각해 보아야 합니다.

나는 아직도 얼굴에 미미한 통증이 남아있고, 그 통증이 후유증으로 남을지도 모르고, 걱정 없다는 진단이 내린 눈에 엷은 불쾌감이 있어 독서에 지장이 있지만, 나의 생명을 건강한 마음으로 다시 볼 수 있어 하나님께 감사하고 있습니다.

우리는 우리 스스로가 살아가는 것이 아니라, 살아가도록 떠받들려지는 게 아닐까요?

그동안의 근황도 알려 드릴 겸 붓을 들었습니다.

그럼, 안녕.

나만의 비밀 상자

올해는 수십 년 만이라는 서늘한 여름이었습니다. 그쪽은 어떠신가요?

보내주신 편지는 잘 받았습니다. 만나본 적도 없는 나에게 그토록 어렵고 중대한 문제를 소상히 털어놔 주셨기에, 몸이 굳는 것과 같은 아픔을 느꼈습니다.

아무튼 열 장이 넘는 당신의 편지 내용을 다음과 같이 요약해 보았습니다.

1. 당신은 3개월 후에 결혼한다.
2. 약혼자를 사랑하고 존경한다.
3. 그런데 처자 있는 남자를 사랑하게 되어 몸까지 허락했다.
4. 하지만 지금, 당신은 그 처자 있는 남자와 다시 관계를 맺으려는 생각은 하지 않고 있다.

5 결혼에 즈음하여 이 사실을 털어놓아야 할 것인가?
대략 이상과 같은 내용이었습니다.

편지를 읽고 나서 나는 깊이 묵상하듯 생각해 보았습니다.

나는 이와 비슷한 상담을 이제까지 얼마나 많은 사람으로부터 받아 왔던가!

미지의 남성으로부터 여성으로부터, 실로 수많은 사람이 이러한 문제를 나에게 전해 왔습니다. 그 수를 헤아리면 똑같은 고뇌를 가진 사람이 이 세상에 수도 없이 많다는 것을 알 수 있습니다.

그리고 모르긴 해도 차후에도 이러한 고뇌는 끊이지 않으리라고 봅니다.

이런 고뇌를 가진 분들은 진실하게 살고 싶어 하는 쪽 사람들의 수가 더 많으리라고 나는 생각합니다. 인생의 삶이 진실하기에 고민하지 않고는 못 배기는 문제인지도 모르겠습니다.

결혼하기로 언약한 사람 사이에 아무런 비밀도 없다는 것은 바람직하다고 생각합니다. 하지만, 그렇다고 해서 하나부터 열까지 다 털어놓아야 하는지 어떤지, 나는 쉽게 판단하기가 어렵습니다.

왜냐하면 자기의 과거를 숨김없이 털어놓음으로써 상대방이 험오하게 되어 파혼한 일이라든지, 부부 관계가 험악하게 변질되어 간 예를 적잖이 보아왔기 때문입니다.

우리는 어렸을 적부터 정직하라는 말을 듣고 자랐습니다. 정직하다는 것은 인간이 지녀야 할 중요한 덕목이 틀림없습니다. 이것을 부정하는 사람은 없습니다.

나도 어렸을 때 거짓말은 도둑질의 시초라든가, 거짓말을 하면 염라대왕한테 혀를 뽑힌다는 말을 듣고 자랐습니다. 그러므로 정직하다는 것은 좋은 일이 틀림없다고 굳게 믿고 있습니다.

아마도 과거의 비밀을 남편이나 약혼자에게 털어놓은 사람들도 정직해야 한다는 생각으로 모든 걸 털어놓았을 것입니다.

'정직!' 바람직한 이 일이, 정반대의 결과를 가져오는 일도 있다는 사실, 이것이 인간의 슬픈 실상입니다.

물론 정직한 게 나쁜 것은 아닙니다. 하지만 인간의 실태를 모르고 있다는 데에서 슬픈 결과를 가져오는 일이 있다는 것입니다.

결혼 상대자가 과거에 잘못을 저질렀다. 그런 까닭에 그것을 속속들이 털어놓고 용서를 바란다고 한다. 그 선의는 납득이 가지만 사람들은 그것을 너그럽게 용서한다고는 단정할 수 없습니다.

제아무리 용서하고자 해도 질투하게 되고, 증오하게 되고, 마침내는 상대방의 꼴도 보기 싫다는 데까지 이를지도 모릅니다.

다시 말해서 인간은 자신의 마음을 용서하지 못하는 근본적인 문제를 지닌 존재입니다. 여기서 문제가 얽혀가는 것입니다.

인간이라면 누구나 다 가지고 있는 이 원초적인 성질을 더 깊이 통찰하지 않으면 안 되겠지요?

모든 것을 정직하게 털어놓으면 자기 마음의 짐은 훨씬 가벼워질지 모르겠습니다. 하지만 듣는 쪽은 낭떠러지 위에서 깊은 골짜기로 굴러떨어진 듯한 무거운 상처를 받게 될지도 모르는 잠재의 원인도 있습니다.

정직하게 털어놓는 일이 상대방에게 어떤 결과를 가져오느냐, 그것을 생각하며, 우리는 정직보다 더 중요한 일이 있다는 것을 깨닫게 됩니다.

정직보다 더 중요한 일, 그게 무엇일까요? 그것은 사랑이지 싶습니다.

당신의 약혼자는 서로 과거는 묻지 말자고 말씀하셨다지요? 그것은 비밀주의라기보다는 따뜻한 마음씨, 슬기로운 마음씨가 승화된 것이 아닌가 싶습니다.

사랑한다는 것은, 어떤 것인가를 알고 있는 사람의 표현이라 생각됩니다. 우리 인간이 얼마나 약하고 보잘것없고 추악한 존재인가를 충분히 알고 있어서 하신 말씀이 아닌가 하는 생각에 사로잡혀 봅니다.

나는 그 분의 말씀에 찬성합니다. 당신은 자신의 과거를 고통스러워도 혼자 짊어지고 가야 한다고 당부하고 싶습니다. 약혼자에게까지 그 고통을 나누어 갖게 해야 한다고는 생각하지 않습니다.

이렇게 말씀드렸다고 해서, 비밀을 만들어도 상관없다고 말하는 건 아닙니다. 입을 닫고 결혼하라고 말하는 것도 아닙니다.

그 잘못을 털어놓는 것보다는 입을 다물고 있는 편이 몇 배나 더 고통스러울는지도 모릅니다. 괴로우면 괴로울수록 당신의 십자가를 짊어지고 가야 할 것이라는 말을 하고 싶은 것입니다.

그러한 진실한 삶이 자기 자신을 겸허하게 만들어 언제나, 남편 앞에 진실한 아내로서 성장해 가는 모습이 아닐는지요?

그리고 또 한 가지, 우리 인간은 몹시 자기 인식이 모자란다는 것을 생각해 보고자 합니다. 그것은, 자기의 잘못은 자기 스스로 셀 수도 없을 만큼 많이 있다는 것을 인식하는 일입니다.

나는 때때로 하나님께 이렇게 기도드립니다.

"하나님, 제가 오늘 저지른 죄를 용서해 주십시오. 저 스스로 알고 있는 죄도, 모르고 저지른 죄도 다 함께 용서해 주십시오."

알면서 저지른 죄보다 모르고 저지른 죄가 더 작다고 말할 수는 없습니다.

당신은 잘못 저지른 성 문제만을 약혼자 앞에 털어놓으려는 단순한 생각이지만, 그 보다 용서받지 않으면 안 될 또 다른 죄가 있다면, 태어나서부터 오늘에 이르기까지 얼마나 많은 죄를 저질러 왔는지, 그것은 엄청난 범위일 것입니다.

그리고 그 죄의 질도 갖가지가 아닐까요. 그렇게 엄청난 갖가지 죄 가운데서 단 하나만 털어놓는다고 해서, 그것으로 모든 게 지워졌다고는 말할 수 없으리라고 봅니다.

다시 한번 말씀드립니다. 정직하게 다른 남성과의 관계를 고백하는 것이 정말로 사랑일까?

당신이 내게 상담해 오신 것은, 당신 역시 이 일에 의문을 품어서가 아닌가요? 나는 그것을 사랑이라고 대답할 수가 없습니다.

당신의 약혼자는 훌륭한 분으로 보이지만, 신은 아닙니다. 인간입니다. 슬프게도 인간은, 남의 잘못을 용서하기보다는 미워하고 분노하는 나약한 존재입니다. 그러한 점을 분명히 알아두지 않으면 안 되겠지요?

누군가가 말했습니다.

"인간이란 죄를 저지르지 않고는 살아갈 수 없는 존재다."

결혼이란, 내일 무슨 일을 저지를지 모를 위험을 내포하고 있는 인간끼리 맺어지는 약속입니다.

나는 결혼할 때, 나 자신을 곰곰이 돌이켜 보고 생각했습니다.

'결혼이란 서로의 과거도 미래도 불문에 묻어두고 포용하는 일이다.'

이제 마지막으로 마음을 모아 말씀드리지 않으면 안 될 일이 있습니다. 그것은 서로가 안고 있는 과거의 비밀이나 이제부터 저지를지도 모르는 잘못을 어떻게 해야 할 것인가 하는 문제입니다.

이러한 비밀이나 잘못은 죄를 가리키는데, 이 죄를 완전히 용서할 수 있는 건 누구일까? 하는 이유입니다.

재판관일까요? 국가 권력일까요? 우리의 개인적인 이 문제에는 법률도 국가도 개입할 수 없습니다. 남편의 배신, 아내의 배반을 일일이 세상에 끌어내어 판정받을 수도 없는 일입니다.

하지만 그것을 완전히 꿰뚫어 보고 온전히 용서할 수 있는 분이 있습니다. 그것은 이미 나의 소설을 읽으신 당신이라면, 이미 납득하셨으리라고 봅니다만, 그것은 전능자이신 하나님입니다.

나의 소설 「빙점」에서 주인공 요오코가 유서에 이렇게 썼었습니다.

'나의 핏속을 흐르는 죄를 분명히 용서한다고 말해 주는 권위 있는 존재가 있었으면 좋겠어요.'

이 권위 있는 존재인 하나님께 의지하고 살아갈 때, 지금의 문제도 진정한 해결을 주시리라고 나는 굳게 믿습니다.

행복한 결혼 되시기를 기원합니다.

내가 당신이라면

  우리 부부는 어느 날, 아사히카와발 도쿄행 마지막 비행기를 타고 있었습니다.
  여느 때보다 비행기가 더 흔들리는 것 같았으나, 별 탈 없이 도쿄에 가까워지고 있었습니다.
  아름다웠던 푸른 하늘도 어느새 어두워져 있었습니다.
  짙은 구름 속을 흔들리면서 날고 있었는데, 하네다羽田 공항이 가까워졌는지 객실의 불을 끄라는 방송이 있었습니다. 그것은 야간에 항공의 안전을 위해 필요한 조치였을 것입니다.
  저쪽 자리에서 하나, 이쪽 자리에서 하나 하는 식으로 등불이 꺼지더니, 마침내 단 하나의 불빛만 남기고 기내의 등은 모두 꺼졌습니다.
  그 단 하나 남은 등은 우리 부부가 앉은 자리에서 통로를 사이에 두고 약간 비낀 자리였습니다. 그 자리에는 중년의 남자가 앉아 뭔가를 열심히 읽고 있는 것 같았습니다.

다른 사람들은 모두 등불을 껐는데, 그 자리의 등 하나만 남아 있는 것입니다. 그렇다고 스튜어디스가 주의를 주려고 오는 기색도 없습니다. 등 하나쯤은 켜져 있어도 괜찮은 모양이구나 하는 생각을 하면서도, 나는 어쩐지 마음에 걸렸습니다.

기내의 등을 꺼야 한다는 약속이 있는 이상, 이 남아있는 불빛 하나도 응당 꺼야 하지 않겠는가 하고 생각한 것입니다.

'하지만…'

남에게 뭔가 주의시킨다는 게 꽤 용기가 필요한 선택입니다.

언젠가 호텔에 투숙한 사람이 옆방의 텔레비전이 시끄럽기에 주의를 주었다가 맞아 죽은 사건이 있었습니다. 이와 비슷한 사건은 흔한 뉴스거리입니다.

중학교나 고등학교에서 학생에게 주의를 준 선생님이 얻어맞기도 하고, 발로 차이기도 하는 세상입니다. 설사 제아무리 말조심한다 해도, 그것이 곧이곧대로 상대방에게 통한다고는 할 수 없습니다.

이런 일은 남남 사이에만 그런 게 아니고 가족 간에도 마찬가지입니다.

남편이 아내에게,

"좀 더 집 안을 깨끗이 할 수 없을까?"

하고 주의를 주었을 때, 어떤 대답이 돌아올까요?

"저도 바쁘답니다."

"집 안에서 놀고만 있는 것도 아니라고요."

"치워도 치워도 애들이 늘어놓는단 말이에요."
등등, 먼저 자기변명부터 하는 말이 돌아오지 않을까요?

며느리에 대한 시어머니의 잔소리, 시어머니에 대한 며느리의 불만, 이런 일들은 남의 눈에는 대수롭지 않은 일이지만 감정적인 말다툼으로 발전할 가능성은 충분히 있습니다.

자기 자식에게까지도 종기를 만지는 듯한 심정으로 말하지 않으면 안 되는 어제오늘, 남에게 뭔가 주의를 준다는 것은, 정말로 용기가 필요한 일입니다.

소매를 스치고 지나가는 사람이라면, 그 사람이 어떤 성격의 소유자인지, 어떤 생활을 하는 사람인지 알 길이 없습니다. 그런 까닭에 더한층 어려운 것입니다.

하지만, 나는 단 하나 남아있는 불빛이 이상하게도 마음에 걸려 견딜 수가 없었습니다. 다른 데가 어두웠던 탓에 그 하나의 불빛이 더한층 밝아 보였던 것입니다.

이 불빛 하나 때문에, 만일 사고라도 일어난다면 큰일이라는 조바심에 주의를 주는 편이, 만약 얻어터지거나 발에 차이는 한이 있어도 사고가 나는 것보다는 나으리라고, 나는 생각했습니다.

나는 창 쪽에 앉아 있었으므로 통로 쪽에 앉아 있는 남편의 옆구리를 찔렀습니다.

"주의를 주는 게 어때요?"

내가 속삭이자, 남편은 잠깐 망설이는 듯싶더니 곧 그 책을 읽고 있는 승객에게 등을 끄라고 말했습니다.

그랬더니 그 사람은 재빨리 손을 뻗어 등을 끄고는 머리를 숙였습니다. 나도 안도의 숨을 내쉬었습니다. 이 사람은 방송조차 귀에 들어오지 않을 정도로 열심히 책을 읽고 있었던 것입니다.

내가 글을 쓰는 입장이라 그런지, 책을 읽는 사람에게는 약간 신뢰하는 데가 있는 것 같다는 마음을 가졌습니다.

누군가가,

"책을 읽지 않는 자가 전쟁을 일으킨다."

라고 어딘가에 쓴 일이 있는데, 나는 가끔 그 말을 되새겨 봅니다. 그때도 이 말이 머리에 떠올랐습니다. 진정한 독서인은 무지막지한 짓을 싫어하는 법이라고 생각한 것입니다.

그리고 이때 '주의를 준다' '주의를 받는다' 하는 일에 관해 잠시 생각했습니다.

직장에서 평소 상사에게 순순히 복종하는 사람도, 어떤 기회에 주의를 받으면 갑자기 딴 얼굴을 보이는 일이 있습니다.

주의를 주는 쪽에 문제가 있는 예도 있지만, 제아무리 정중하게 말해도 반발하는 사람은 있기 마련입니다.

"그런 건 말하지 않아도 알고 있어요."

하고 갑자기 근엄한 얼굴을 하는 사람도 있습니다.

"그건 무리예요. 이쪽 입장도 생각해 보셔야지요."

하고 쏘아붙이는 사람도 있습니다.

그뿐만 아닙니다. 주의를 받은 것에 앙심을 품고 두고두고 마음에서 지워 버리지 않는 사람도 있습니다. 이것이 쌓이고 쌓여 상사에 대한 불만으로 발전됩니다.

내 생각으로는 부부 사이건, 부모와 자식 사이, 형제, 친구 사이, 선생과 학생 사이건 간에 그 사람들 본래의 얼굴이 나타나는 것은 칭찬받았을 때가 아니라, 단 한마디 주의를 받을 때가 아닌가 합니다.

평상시 제아무리 사이가 좋은 동료로 보이더라도, 혹은 부부로 보이더라도, 일단 그 사람에게 주의를 기울여 보면 자기에 대한 상대방의 마음을 알 수 있습니다.

하지만 마음으로부터 존경하고 깊이 사랑하고 있다면, 주의받은 그 상황에 순순히 귀 기울이지 않을까요?

그뿐 아니라, '내가 잘못했어.' 한다든가, '제가 나빴습니다. 이제부터 조심하겠습니다.' 하는 기분 좋은 말이 틀림없이 되돌아오리라고 봅니다. 하지만 이런 모습의 사람은 1백 명에 한 명꼴이 될까 말까 할 것입니다.

어른이 되면 노골적으로 표정에 나타내지는 않아도 마음속으로는 '뭐라고! 이 배꼽도 안 떨어진 녀석이.' '쓸데없이 주둥이를 놀려!' '말하지 않아도 알고 있단 말이다.' 하는 생각을 갖는 일이 많지 않을까요?

이런 마음의 흐름은 나 자신도 '스스로 조심하지 않으면 안 되겠구나' 하는 생각을 평소에도 쭉 해오고 있었습니다.

나는 진심으로 남편을 사랑한다고 믿고 있습니다. 존경한다고 자부하기도 합니다.

하지만 얼마만큼 사랑하고, 또 존경하는가 하는 것이 두렷이 나타나는 것은 상대방이 아플 때라든지, 상대방이 비통한 일을 당했을 경우는 아닙니다.

아플 때는 마땅히 친절하게 돌봐주어야 할 것이고, 비통한 일을 당했을 때는 위로하고 격려하는 게 당연합니다. 이런 때는 자기의 사랑이나 존경심을 측정할 수가 없습니다.

그것이 어느 정도인가 측정할 수 있는 것은 불평을 들었을 때입니다. 주의를 받은 때입니다. 설사 약간의 오해가 있더라도 진실하게 사랑하고 존경하는 마음을 지니고 있다면,
"당신 같은 분이 말씀하시는 것이니…"
하고 순종하는 마음으로 들을 수 있을 것입니다.

그런 까닭에 나는 남편한테 뭔가 주의를 받았을 때, 만약 내가 돼먹지 않은 태도로 응대했다고 하면, 그때가 바로 남편에 대한 사랑과 존경심을 조심스럽게 반성해야 할 때가 아닌가 싶습니다.

이제 우리 부부가 탄 비행기는 무사히 하네다 공항에 닿았습니다. 비행기가 멎고 모두 일어섰을 때였습니다. 조금 전의 그 신사가 뒤돌아보고 말했습니다.

"아까는 주의를 주셔서 정말 감사했습니다. 책을 읽고 있어 깜빡 잊어서 그만…"

우리 부부는 그 말에 깊이 감동했습니다. 이 사람은 여하한 상황에 놓여도 아주 멋진 인생을 살아갈 사람이 틀림없다고 보여서 머리가 저절로 숙어졌습니다.

그럼, 늘 몸조심하세요. 안녕을 빕니다.

침묵의 대답

A코 씨.

결혼한 지 3년째로 아이도 있고 해서 행복해야 할 당신이 생각지도 않았던 고민에 빠져 계시는 모습에 짐작이 가는군요.

올해는 이쪽 홋카이도 역시 예년에 보기 드문 큰비가 쏟아져 하천이 범람하는 바람에 매우 어수선합니다.

이런 천재를 입었을 경우는 원인이 분명하므로, 같은 고민이라도 아직 대처할 방도가 있기 마련이지만, 인간관계의 고민이란 족쇄는 손을 쓰기가 여건 어려운 게 아니지요.

당신의 남편은 반년 가까이나 아내인 당신에게 좀처럼 입을 열지 않으신다고 그러셨지요? 그 까닭을 알고자 말을 걸어도,

"아무 일도 아니야."

하고 대답할 뿐이라고 말씀하셨는데, 무척 걱정되시겠군요.

혹시나 남편이 우울증에 걸린 게 아닌가 하고, 당신은 생각하시는 모양인데, 어쩌면 그럴지도 모르겠군요. 하지만 그렇지 않을지도 모르지 않겠어요.

참고로 내가 잘 아는 부부에 관한 이야기를 좀 해 볼까 합니다. 이분들이 30대 무렵의 일이었어요. 이들 부부는 2년쯤 연애를 한 끝에 결혼했는데 애들이 둘 있었어요.

신혼 당시는 남들이 부러워할 정도로 깨가 쏟아지는 부부였는데, 아내는 모든 일에 적극적으로 임했고, 남편은 명랑했습니다.

그런데 첫 아이를 낳고 얼마 안 있어 남편이 좀 변한 것 같았어요. 손님이 찾아와도 머리만 한번 끄덕일 뿐 '오랜만입니다.'라든가, '안녕하십니까?'라는 인사말조차 하지 않았어요.

기껏 한다는 말이 '어서 오세요' 정도이고, 말을 걸어도 '예' 아니면 '아니요'라고 할 뿐 대화는 이어지지 않았어요.

우리는 그의 너무도 심한 변모에 놀라 도대체 무슨 일이 있었길래 저럴까 쑥떡 공론하곤 했었습니다.

그 후 몇 번을 만나도 원래의 그 사람으로 돌아오지 않았어요. 그러는 동안 우리는 한 가지 특별한 광경을 발견하게 되었지요. 그것은 그의 아내가 때마침 그 자리에 있던 시어머니한테서 무슨 일인가 질문을 받았을 때의 태도였습니다.

"Y코, 오늘 저녁 반찬은 생선인가?"

우리는 Y코 씨가 당연히,

"예, 그렇습니다."

라고 대답할 걸로 생각했었지요.

왜냐하면 부엌에는 Y코 씨가 조금 전에 사다 둔 생선이 있었기

때문이었습니다. 시어머니도 그걸 보았으므로,

"오늘 저녁 반찬은 생선이구면."

하고 가벼운 기분으로 말한 것에 불과했다고 생각합니다.

그런데 그게 아니었어요. Y코 씨는 당장에 안색이 달라지며,

"생선이 안 좋으시다면, 뭐든 좋아하시는 걸 미리 말씀해 주시면 안 돼요!"

하고 말한 것입니다.

"어미야, 그저 물어봤을 뿐이다."

시어머니는 놀라서 이렇게 말했어요. 그랬더니 Y코 씨는,

"일부러 묻지 않으셔도 생선을 보면 아실 거 아니에요?"

하고 대답하더군요.

그 자리가 어색하게 되어버린 건 말할 필요조차 없는 서먹서먹한 자리였습니다. 구태여 쌍심지를 켤 것까지는 없었는데 말입니다. 그제야 우리는 비로소 Y코 씨의 다른 한 면을 본 것 같은 기분이 들었습니다.

그런 일이 있고 난 후 주의해서 보았더니, 이와 비슷한 일이 몇 번이고 반복되었습니다.

"어머, 이 차茶 웬 거냐?"

하고 시어머니가 물었을 뿐인데도, 어느새 그녀의 안색이 달라졌지요.

"그 차, 무슨 문제 있나요?"

하는 대답에 시어머니는 그만 입을 다물어 버렸습니다. 그런가 하면 이런 일도 있었습니다.

"된장국이 약간 짠 것 같은데, 물을 좀 더 넣지 그러니."

"어머나, 짜다고요? 늘 먹던 그대로인데."
하면서 물을 듬뿍 붓는 것이었습니다.

나는 희미하게나마 Y코 씨의 남편이 변한 이유를 알 것 같았어요. 결혼 전의 Y코 씨는 명랑하고 활발한 아가씨로 보였어요. 하지만, 그녀는 다만 겉으로만 그렇게 보이는 여성이었는지도 모르죠. 어쩌면 결혼 생활이 그녀의 숨겨진 결점이 노출되는 안성맞춤의 장소였는지도 모르겠다는 생각을 하게 되었습니다.

지기 싫어하는 그녀는 남이 간섭 안 할 때는 일을 잘하지만, 조금이라도 남이 간섭하면, 당장에 격한 감정에 사로잡히는 성격의 소유자였던 거예요.

결혼해서 아기를 낳아 한 아이의 엄마가 되고 나서야 그녀는 묵직하게 자리를 잡았는지도 몰라요. 여자는 아이를 낳으면 강해진다고들 하지 않아요?

'여자는 약하다. 하지만 어머니는 강하다.'
라는 말이 있잖아요.

이건 여인은 약한 존재지만, 일단 어머니가 되면 강해진다는 뜻일 거예요.

하지만 이렇게도 말할 수 있겠지요. 여자는 아이를 낳으면 간덩이가 커진다고 말입니다.

그런데 Y코 씨는 몇 해 전에 갑작스러운 병으로 세상을 떠났어요. 우리는 그렇지 않아도 말이 없는 남편이 앞으로 어떻게 살아갈 것인가, 속으로 걱정하고 있었는데, 인간이란 참으로 알다가도 모르겠더라고요.

남자의 얼굴에 차츰 생기가 돌기 시작하더니 이전처럼 활발하게 말하는 사람으로 돌아왔어요. 그가 차분하게 나에게 다음과 같은 이야기를 해 주었어요.

"인간이 얼마나 약한 존재인가를 깨달았습니다. 한 지붕 아래에서 사는 사람이 얼마나 커다란 영향을 주는가를 결혼하고서야 비로소 알게 되었습니다. 아내는 물건이 어디 있는가 하고 물어도, 음식이 입에 맞지 않는다고 한마디를 하면 금방 화를 내는 사람이었습니다. 우리 어머니를 대하는 태도를 보고 짐작하셨으리라고 봅니다만, 저에게는 더 심했습니다.

특히 음식 솜씨에 대해 평을 하면 굉장히 화를 내곤 했죠. 이를테면 '오늘 저녁에는 오랜만에 두부를 먹고 싶다'고 하면, 그녀는 '두부를 사러 갈 틈이 있을까 모르겠네요. 이 근처에는 두부 파는 집이 없으니 말이죠.'라고 잘라 말한 다음, '사내대장부가 그런 반찬거리까지 간섭하지 말아 주세요.' 하는 식입니다.

그러다 보니 나는 차츰 말을 잃게 되었습니다. 내가 입을 열기만 하면, 그 사람이 화를 냈기 때문입니다. 잠자코 있으면, 아무 일 없이 넘어갔습니다.

나는 집에 모시고 있는 어머니를 생각해서라도 말다툼을 피해야겠다 싶어 점점 말하지 않게 되었던 것입니다. 그랬더니 그게 아내에게만 그런 게 아니라, 누구에게도 입을 열지 않게 되어버렸습니다.

아내가 세상을 떠나자, 나는 넓고 넓은 들판에 나온 것 같은 해방감을 맛보고 있습니다. 정말 여자란 참으로 무서운 존재더군요."

A코 씨, 기분을 상하게 하는 말씀을 드린 것도 같군요. 하지만

나는 당신의 질문을 받고, Y코 씨의 이야기를 쓰지 않을 수가 없었어요. 물론 당신이 Y코 씨 같은 부인이라고는 생각하지 않아요. 참고로 해 주셨으면 하는 마음에서 적었습니다.

남자분들이 흔히 하는 말이지만 '여자는 아기를 낳으면 남편을 깔아뭉갠다'라는 말, 당신은 이 말을 어떻게 생각하시나요?

여자의 사랑은 때로는 너무 지나치게 고루해서, 마치 한정된 분량밖에 없는 것처럼, 어린아이에게 쏟는 사랑만큼 남편에 대한 애정이 줄어드는 경우가 있는 모양입니다.

Y코 씨, 당신은 그런 일이 없겠지요? 하지만 Y코 씨, 인간은 누구나 다 고독한 존재예요. 늘 누군가가 자기를 알아주었으면 하는 생각을 갖는 법이지요. 그래서 자기가 사랑하는 상대와는 뭐든 이야기를 나누고 싶어 하는 법이에요.

그러므로 대화를 할 수 없게 되었다는 건 가장 가까이 있는 사람에게 책임이 있다고 생각하는 게 당연하지요.

인간은 마음에 드는 장소에서는 입도 매끄럽게 되는 법이에요. 만약 당신에게 짚이는 데가 없다면 용기를 내서 병원에 가서 상의하세요. 만약 그게 병이라면 더더욱 당신의 사랑이 필요할 거예요.

총명한 당신은 짧은 이 답장에서 반드시 무엇인가를 느꼈을 거라 믿어요.

남편이 회복되시기를 충심忠心으로 기원하면서….

애완동물은 또 다른 내 안의 반려

M코 씨.

당신이 기르는 개나 고양이에게 남편이 적대시하며 쌀쌀하다는 편지 잘 읽었습니다.

구체적으로 어떻게 쌀쌀한지는 편지에 쓰지 않아서 잘 모르겠으나,

'남편은 원래가 쌀쌀한 사람이 아닐까요?'

하고 씌어 있는 글에, 나는 하나의 문제를 느꼈습니다.

M코 씨.

당신은 개 두 마리와 고양이 두 마리를 기르고 계신다고 했나요? 아직 자식이 없는 당신에게는 그들이 자식처럼 귀엽다고 편지에 쓰셨지요?

그처럼 개나 고양이를 사랑하는 자신이 스스로 따스한 인간이

라고 무턱대고 생각하고 계시는 것은 아닐까요? 그렇지 않고서야 남편을 원래 쌀쌀한 인간이 아닐까 하는 발상은 하지 않으리라고 봅니다.

성경의 '창세기'를 보면, 다음과 같이 적혀있습니다.

'사람의 독처하는 것이 좋지 못하니, 내가 그를 위하여 돕는 배필을 지으리라' 하시니라. 여호와 하나님이 흙으로 각종 들짐승과 공중의 각종 새를 지으시고, 아담이 어떻게 이름을 짓나 보시려고 그것들을 그에게로 이끌어 이르시니.

다시 말해서, 창조자인 하나님은 사람을 돕기 위해서 들짐승도 새도 만들어 주셨습니다. 그 도와주는 것들과 서로 사랑하며 사는 건 이상적인 모습이 틀림없습니다.

또한 성경의 '이사야서'에는

이리가 어린 양과 함께 누우며, 송아지와 어린 사자와 살찐 짐승이 함께 있어 어린아이에게 끌리며 암소와 곰이 함께 먹으며, 그것들의 새끼가 함께 엎드리며, 사자가 소처럼 풀을 먹을 것이며, 젖 먹는 아이가 독사의 구멍에서 장난하며 젖 뗀 어린아이가 독사의 굴에 손을 넣을 것이다.

하고 닥쳐올 지상의 모습을 예언하고 있습니다.

그러니까 사람이 개나 고양이를 안방에서 기르고, 같은 잠자리에서 자는 것은 아름다운 정경이라 해도 좋으리라고 봅니다.

아무튼 애완동물에 대한 당신의 태도에 남편이 매우 비판적이라는 점에만 문제가 있는 것이 아닐까 하는 생각을 하지 않을 수 없습니다.

이런 투로 얘기를 해서 미안합니다. 나는 개도 고양이도 기르고 있지 않습니다. 하지만 내가 5, 6세 무렵, 우리 집에서는 개를 길렀습니다. 그런데 그 개가 갑자기 자취를 감췄습니다.

날마다 '마루! 마루!' 하고 개의 이름을 부르면서 근처의 오솔길과 그늘진 곳을 찾아 헤매던 때의 슬프고 안타까웠던 심정을 잊을 수가 없습니다. 가슴이 무너지는 것 같은 이별의 슬픔을, 나는 그때 비로소 경험하였습니다.

또 내가 여학교 때, 우리 집에서는 메까치를 길렀습니다. 가슴털에 핑크가 약간 섞여 있어 뭐라 말할 수 없이 귀여웠고, 새 초롱을 들여다볼 때마다 알 수 없는 마음의 위안을 느끼곤 했습니다.

그 메까치도 어느 날, 느닷없이 숨이 끊어져 버렸습니다. 나는 그때도 이루 말할 수 없는 괴로움을 맛보았습니다.

20대도 반을 지났을 무렵, 우리 집에는 고양이 한 마리가 있었습니다. 그런데 그 고양이가 내가 닫은 문틈에 끼었는데, 그로부터 며칠 뒤 죽었습니다.

문틈에 끼였기 때문에 죽었는지, 다른 원인으로 죽었는지는 잘 모르지만, 나는 동물을 기르는 사람의 책임이라는 걸 뼈저리게 느껴서 지금도 그 고양이를 생각하면 가슴이 아픕니다.

그런 연유로 나는 애완동물은 평생 기르지 않기로 마음먹었습니다.

당신의 남편이 댁에서 기르는 애완동물에 적극적인 애정을 나타내지 않는 이면에 무슨 까닭이 있는지, 그것은 알 수 없지요.

아무튼 당신은 자신이 애완동물을 친자식처럼 귀여워하는 모습을, 남편이 어떻게 보는지 생각해 보신 일이 있습니까?

우리는 왕왕 애완동물을 귀여워하는 사람 중에서 오히려 소름이 끼칠 정도로 쌀쌀한 일면을 보는 예외가 있습니다.

자기 집 개가 짖어대는 소리는 아무렇지도 않고, 이웃집 개가 짖어대는 것은 귀에 거슬린다는 사람을, 나는 보았습니다.

남의 집 아이가 자기 집 개가 짖어대는 바람에 새파랗게 질린 얼굴로 울고 있는 것을 보고도, 뭐 그런 일로 우느냐고 멸시하는 듯한 눈초리로 보는 사람을, 나는 알고 있습니다.

그뿐만 아니라, 자기 집 개가 남의 집 아이에게 덤벼들어도 절대 사과하지 않는 사람마저 있습니다.

"가만히 있었는데도, 우리 집 개가 덤벼들었을 리는 없어." 하고 고집부리면서, 마치 물린 쪽이 잘못한 것처럼 상대의 불평을 일절 받아들이지 않는 사람도 있습니다.

송아지만큼이나 큰 개를 데리고 산책하다가 그 개가 지나가는 사람에게 다가가는 바람에, 그 사람이 허둥지둥 개를 피하려다 넘어져 죽은 사건이 얼마 전 신문에 보도되었습니다.

자기가 귀여워하는 애완동물이 누구에게나 기분 좋은 존재일 거라고 믿는 건 얼마나 기묘한 심리입니까?

내 막냇동생도 중학생 때 개에게 물린 일이 있었습니다. 우리는 그 댁의 부부를 평소에는 교양 있는 우아한 사람들로 보고 존경하였습니다. 그러므로 개에게 물렸다고 하면 서로 얘기가 통하리라고 생각한 것입니다.

그런데 그 댁 마님은,

"우리 집 개가 사람을 물 리가 없다."

라고 딱 잡아떼면서 갑자기 근엄한 태도로 돌변해서는, 우리가 터무니없는 이야기를 하기나 한 것처럼 위협까지 하는 모습을 보인 일이 있었습니다.

지금도 그 사람을 만나면, 그때의 일이 생각나서 인간의 자기중심적 성향을 새삼 생각하지 않을 수 없습니다.

사람의 자식보다 고양이나 개가 더 귀엽다는 사람도 있습니다. 하지만 사람은 같은 유類인 인간을 우선으로 사랑해야 하지 않을까요?

그렇지 않으면 개나 고양이를 기를 자격이 없지 않을까, 생각해 봅니다.

어째서 애완동물이 사람의 자식보다 귀여울까요?

그건 말을 하지 못하는 애완동물은 사람의 생각을 비판하거나 인간의 마음속에 끼어들거나 하는 일이 없기 때문일 것입니다.

먹이를 주는 주인에게 애완동물은 순종합니다. 집으로 돌아오면 기다렸다는 듯이 꼬리를 흔들며 반가이 맞아 주고 외출할 때는 쓸쓸한 표정을 합니다.

하지만 사람의 자식은 날이 갈수록 지혜가 늘어나, 부모를 싫어하기도 하고 부모의 언행을 비판하기도 합니다.

물론 어떠한 비판을 받아도 자기 자식인 이상 애완동물보다야 귀엽겠지요. 하지만 이것이 이웃집 자식이라면 동물보다도 귀엽지 않게 보이는 일이 있지 않을까요?

이와 비슷한 심경으로 남편을 대하는 일도 있을 수 있습니다.

애완 동물에게는 먹이 수발을 하고 목욕을 시키고 털 손질을 해주고 병에 걸리면 자지 않고 간호하며 정성을 다하지만, 남편에게는 애완동물만큼 정성을 쏟지 않는 부인도 계십니다.

무슨 부탁을 받아도,

"잠깐 기다리세요. 이 강아지 먼저 봐주고요."

하면서 애완동물을 먼저 돌봐주는 일이 흔히 있다고 들었습니다.

M코 씨, 당신도 애완동물이 사람의 자식보다 귀엽고 심지어 남편보다도 사랑스럽다고 느끼시지는 않습니까?

만약 그렇다면, 그 원인은 앞에서 말씀드린 바와 같이, 애완동물은 자기의 아픈 상처를 건드리지 않고 자기가 하고 싶은 대로 해도 간섭하지 않으며, 자기가 마음먹은 대로 움직여 준다는 데 있는 게 아닌가 싶습니다.

인격과 인격을 갖춘 인간끼리의 접촉이 아니라, 일방적인 접촉으로 자신을 충족시키는 행위는 자기중심적 모습입니다.

실례지만, 애완동물에 대한 당신의 태도 역시 남편의 눈으로 보면 자기중심적인 태도로 보일지도 모르겠습니다. 남편이 개나 고양이에게 쌀쌀한 것은, 당신에게 반성을 촉구하려고 그러는지도 모르겠습니다.

애완동물을 사육하는 사람이 쌀쌀한 인간인지, 사육하지 않는 사람이 쌀쌀한 인간인지, 어쨌든 인간은 자기중심적인 존재입니다. 여기서 우리 한번 걸음을 멈추고 생각해 봅시다. 기분 나쁘게 생각하지 말아 주시길 바랍니다.

당신은 순순히 귀 기울여 주실 것으로 믿고 감히 몇 자 적었습니다. 남편을 하늘처럼 받들고 살아가시도록.

화장하면 마음에 꽃이 핀다

F코 씨.

당신이 화장하는 모습을 남편이 싫어하신다는 내용의 편지 잘 읽었어요. 아직 20대인 당신이 화장하는 일은, 말씀대로 하나의 커다란 일상의 즐거움일지도 모르겠네요.

어떤 의미에서는 사는 보람이라고 할 수 있을지도 모르겠지요. 아닙니다. 20대가 아니라도 여성은 아름다워지기를 바라는 간절함을 갖고 있지요. 그런 까닭에 거울 앞에서 보내는 시간이 적지 않지요.

그러한 염원을 박탈하기라도 하듯이 남편은 화장하지 말라고 하신다지요? 그게 당신 마음속에 응어리져 불만과 반발을 일으킨다는 것, 저 역시도 납득이 갑니다.

옛날부터 '화장은 여자의 몸가짐'이라고 말해 왔어요. 분명히 그렇게 말할 수 있다고 봐요. 하지만 이 말이 여성한테서 나온 말인지, 남성한테서 나온 말인지는 확실치 않아요.

이렇게 말하는 건 다음의 이유 때문입니다. 당신의 편지를 읽고 나는 남성 몇 명에게 전화를 걸어 물어보았지요.

"선생께서는 부인이 화장하는 걸 좋아하십니까?"

그런데 의외로 화장은 질색이라는 대답이 압도적이었어요. 오직 한 사람만 엷은 화장이라면 몸치장으로 괜찮지만, 입술연지를 칠하는 건 안 된다는 거였어요.

뜻밖에도 남자분들은 여자가 화장하는 걸 싫어하는 것 같아요. 특히 아이샤도우와 입술연지는 내가 들은 범위 내에서는 한 사람도 빠짐없이 싫어하고 있네요. 오로지 화장기 없는, 맨얼굴을 좋아한다는 거였습니다.

실은 내 남편도 화장기 있는 얼굴을 몹시 싫어하는 편이에요. 입술연지는 엷게 칠하는 것조차 싫어하고요. 그래서 나는 크림이나 로션조차도 쓰지 않아요. 세수만 한 맨얼굴이죠.

그러니까 사람에 따라서는 나를 몸치장도 할 줄 모르는 덜렁대는 여인으로 생각할지도 몰라요. 그건 입술연지를 바른 여성의 입술은 모르긴 하지만, 남성들 눈에는 독기가 차 있어 보이는 단풍잎이나 과자처럼 추악하게 보이는지도 몰라요.

입술연지를 바르고 스스로 예쁘다고 뽐내는 건 우리 여인들뿐이고, 남성들은 매력은커녕 혐오감마저 품게 되는지도 모르지요. 다시 말해서 남성의 미의식과 여성의 미의식은 다른가 봐요.

내 남편 같은 사람은 내 흰머리가 늘어나도 염색은 절대로 시키지 않겠다고 말해요. 지금 내 머리는 반백에 가깝지만, 단 한 번도 염색한 일은 없답니다.

생각해 보면, 이 문제는 무척 함축성 있는 문제라는 생각이 드는군요. 우리는 대체 무엇 때문에 화장하는 걸까요? 남에게 예쁘게 보이려고 애써 화장하지 않나요? 그런데 자기는 예쁘게 보이려고 화장하는데, 남성들은

'입술연지는 딱 질색이야.'

라든가,

'어째서 아이샤도우 같은 걸 뒤집어쓰는 걸까?'

하고 손을 내저을지도 모를 일이에요.

일이 이렇게 되면, 이건 예상치도 않은 여성들의 희비극이랄 수밖에 없어요.

구약성서에도 이사벨이라는 악명 높은 왕비가 아이샤도우를 했다는 기록이 있지만, 아무리 봐도 화장하는 데 대해 호의를 가지고 쓴 글은 아닌 것 같아요. 남녀 미의식의 차이는 수천 년 이래 변함이 없는지도 모르겠군요.

내가 전화로 들은 결과로 추측하건대, 아마 이 세상 남성의 적어도 90%는 입술연지를 싫어하고, 볼에 연지를 바르는 것과 아이샤도우를 싫어하는 것 같아요.

그런데도 화장하는 여성이 많은 건 어찌 된 영문일까요? 여성에게는 아름답게 여겨지는 게 남성 세계에서는 아름답지 않게 보인다는 이 정반대의 평가, 이건 도대체 어느 편이 옳은 걸까요?

미의식은 주관에 따르는 것이지, 이치로 따지는 건 아니지요. 이를테면 여성의 미의식이 높더라도 남성들이 화장한 여성의 얼굴을 싫어한다면 화장하는 의미가 없지 않을까요? 적어도 반감되는

게 아닐지요? 아니 때로는 마이너스로까지 작용하는지도 모르겠네요.

　남성이 싫어하는데도 화장하는 여성이 많다는 사실은 남성의 마음이 여성에게 전해지지 않기 때문이 아닐까요? 아니, 남성은 진작부터 말해 왔는지도 모르겠어요. 나도 젊었을 적 그런 말을 들은 일이 있어요.

　"입술연지만 아니면, 키스하고 싶었는데."

하는 말이요.

　그리고 그런 내용의 편지를 받은 일도 있다고요. 나는 그 사람에게 마음이 끌리지 않았기 때문에 키스를 안 한 것이 다행이었지만, 아무튼 이건 많은 남성의 본심인지도 모르겠네요.

　당신의 남편만 그러는 게 아니라, 남성들은 자기 아내에게 '입술연지를 바르지 말라.'라든가, '짙은 화장을 하지 말라.'고 혀가 닳도록 말하는지도 몰라요.

　하지만 여성은 화장이 자신을 아름답게 보이는 최선의 길이라고 믿고 있는 한 화장을 그만두려고 하지 않죠. 강한 것 같으면서도 약한 남성은 아내의 기분이 상할까, 화장에 관한 얘기는 좀처럼 하지 않게 되는지도 모르죠.

　당신의 남편처럼 끈기 있게 말해 주는 남편분들은 그 숫자가 적을지도 모르겠군요. 그렇다면 당신의 남편은 진실하고 사랑이 깊은 분이 아닌가 싶어요.

　나는 남편한테서 화장하지 말라는 말을 들을 때마다 거의 1년 내내 화장기 없는 얼굴로 지내고 있습니다만, 그것이 남편의 사랑인 게로구나 하고 감사하게 생각하기도 해요.

화장이 정말로 여성을 아름답게 보이게 하느냐, 그러지 않느냐 하는 문제는 차치하고라도, 여기에 피부에 해害가 된다는 문제가 남는군요.

내가 잘 아는 사람 중에 그야말로 몸가짐이 단정한 부인이 한 분 있어요. 이분은 유복해서 화장수도 값비싼 것을 쓰고 있었는데, 어느 날 느닷없이 얼굴이 헐면서 검은 반점으로 가득 차게 되었어요. 이런 화장품의 해독 문제는 당신도 아시는 바와 같이 흔히 듣는 이야기죠.

피부도 호흡하거든요. 거기다가 화장수나 파운데이션, 가루분 같은 걸 바르면 땀구멍이 막혀, 결코 이로울 리가 없다고들 말하고 있어요.

내 남편은 단골로 다니는 이발소에서 진열된 헤어 토닉을 사려고 했더니, 이발사는 그 상품은 아직 안정성이 확인되어 있지 않다면서 팔지 않았던 일이 있어요.

또 우리 친척 한 사람이 머리카락을 염색하다가 두피가 헐고, 그것이 원인이 되어 간장肝臟을 상해 끝내 죽은 사람이 있어요.

몇 년 전에 내 여학교 동기생이 암으로 세상을 떠났는데,

"입술연지를 바르지 않았으면 좋았을 텐데 말이야. 화장할 때마다 입술연지를 발랐다는 건, 이제까지 입술연지를 몇 개나 먹었다는 계산을 하지 않을 수 없어."

하고 후회하던 걸 잊을 수가 없군요.

F코 씨의 남편은 이러한 화장품의 위험을 염려하고 계시는지도 모르겠네요.

물론 피부에 뭔가를 바름으로써 피부를 보호할 수도 있지요. 하

지만 화장품의 경우, 모든 화장품이 반드시 그 역할을 다한다고는 볼 수 없어요.

아무튼 당신은 이왕 화장하시는 바에야, 남편의 미관美觀도 존중하여 자연스럽게 화장하시는 게 어떨는지요?

한 걸음 양보해서 눈에 띄지 않을 정도로 엷은 화장을 해 보시는 게 어떨지요? 남편도 그것까지는 싫어하지 않으실 걸로 보이는데요.

그런데 우리가 아름답게 되는 방법은 화장하는 길밖에 없을까요? 나는 여성뿐만 아니라, 사람들과 이야기를 나눌 때 아름답다고 느끼는 건 내면에서 풍겨 나오는 인품에서 받는 편입니다.

상냥한 마음씨와 기쁨, 그리고 총명한 점이 그의 눈에, 입가에 나타나는 법이에요. 그리고 그건 표정뿐만 아니라, 말이나 동작에도 나타나지요.

그러한 말씨나 동작, 그리고 표정에서 나오는 아름다움은 화장을 한 얼굴과는 비교도 안 될 만큼 큰 매력을 풍긴다고 봐요.

우리 부부의 친구 중에 멋진 자매가 있어요. 그녀들 주변에는 항상 그들을 경외하는 남성들이 떠나지 않아요.

하지만 그들 자매는 크림마저 바를까 말까, 거의 맨얼굴로 다녀요. 얼굴 생김새도 미인은 아니에요. 얼굴빛도 희지는 않아요. 그런데도 이들 두 자매는 대단한 공붓벌레로 몇 개 국어를 할 줄 알고, 마음의 문제를 늘 중요시해요. 그게 그녀들에게 독특한 아름다움을 갖게 했고, 많은 친구를 갖게 한 것이 아닌가 싶어요.

당신도 아름다움에 관해 다시 한번 남편과 이야기를 나눠 보시지 않겠어요? 그럼, 몸조심하시고요. 안녕.

한 줌의 사랑 한 줌의 행복을

 두 살과 세 살짜리 아이가 있다고 하셨는데, 뒤치다꺼리하시느라 날마다 힘드시겠네요. 편지에 따르면 시어머님이 놀러 오셨다가 아이들 아빠가 설거지하는 모습을 목격하고 한탄하셨다고요?
 "난 6남매를 길렀지만, 수십 년 동안 아범한테 접시 한 장 씻게 한 일이 없어."
라고 말씀하시더라고 그랬지요? 그래서 그 후부터 당신은 우울하시다고요.
 시어머님께서는 6남매를 기르는 동안 아범한테 접시 한 장 씻게 한 일이 없었다는 건 장한 일이 아닐 수 없군요.
 나의 친정어머니는 십 남매를 낳은 데다가, 다른 친척 집 아이들 둘을 더 맡아 길렀어요.
 하지만 나의 친정아버지는 당신의 시아버님과 마찬가지로 밥공기 하나 씻은 일이 없어요. 어쩌면 그 시대의 풍조가 그랬는지도 모르지요.

"사내대장부는 부엌에 들어가는 법이 아니다."

이 말은 누가 한 말이고, 언제부터 생겨났는지 알 수 없지만, 남자가 부엌일을 한다는 건 당치도 않은 일이라고 생각한 시대가 있었지요. 그러한 생각은 남자도 여자도 지니고 있었어요.

일본의 전국시대, 다시 말해서 지금으로부터 400년가량 전에는 호소카와 유우사이(細川幽齊[2]) 호소카와 타다아키(細川忠興[3]) 부자를 비롯하여 음식 솜씨가 뛰어난 다이묘大名들도 적잖았던 모양이에요. 그러고 보면 사내대장부가 부엌에 들어가는 건 조금도 신기한 일이 아니잖아요.

그러다가 에도 시대에 접어들자, 봉건적인 사상이 마련되었고, 마침내는 그 꼬리를 오늘날까지 끌고 온 게 아닌가 싶어요. '부엌데기 남편' 운운하고 경멸하는 경향마저 있다는데, 이런 말을 듣고 보면 입맛이 좀 씁쓸하지 않나요?

나의 친정어머니는 분명히 열두 자녀를 길러냈지만, 언제나 할머니 아니면, 숙모님이 일손을 도와주었어요. 그 무렵 어린애였던 내가 설거지를 도우려다가,

"방해되니 저리가 있으라고, 응."

하는 말을 들은 것을, 지금도 기억하고 있어요.

옛날에는 대가족이었기 때문에 친척들이나 연고자들이 서로 도

---

[2] 일본의 아스치·모모야마 시대의 무장(武將). 가인(歌人) 1534~1610
[3] 일본의 아스치·모모야마 시대부터 에도(江戶) 초기에 걸쳐서의 무장. 1563~1645

와가며 잘 꾸려 나갔던 모양이에요. 당신의 시어머님도 누군가에게 일손 도움을 받으며 살아왔을 게 분명할 거예요.

그건 그렇고, 나는 백 쌍의 부부가 있으면, 100가지의 각자 나름의 생활 방식이 있는 게 당연하다고 생각해요.

남자는 이런 일을 하면 안 된다느니, 이건 여자가 할 일이 아니라느니 하는 그러한 룰rule이 먼저 있어야 하는 게 아니므로, 부부간의 이해와 기호에 따라 그 가정 나름의 생활 방식을 정해 나가면 좋지 않을까 싶어요.

우리 가정은 남편과 나 단 둘뿐이지만, 남편은 기꺼이 부엌에 나가요. 물론 낮에는 파출부가 부엌일을 하고, 우리 두 부부는 구술필기口述筆記의 형식으로 소설 작업을 진행하고 있지요.

하지만 4시에는 파출부가, 5시가 되면 비서가 집에 돌아가므로, 저녁 식사는 미리 준비해 둔 걸 다시 굽고 양념하는 거지요.

그래서 생선은 남편이 굽고, 살코기는 내가 굽고 그래요. 어느새 우리는 이렇게 버릇이 들었는데, 그건 남편이 굽는 생선이 유난히 맛있기 때문인지도 몰라요. 그는 살이 두꺼운 부분이든 얇은 부분이든 똑같이 몇 번이고 구워,

"이게 가자미야?"

"이게 시샤모4)야?"

할 정도로 놀랄 만큼 맛있게 구워요. 남편이 생선 굽는 걸 보고 있던, 어느 기자는 이렇게 말했지요.

"남편 되시는 선생님이 생선 굽는 걸 보고 있으면, 이게 진짜 요리하는 거로구나 하는 생각이 들어요."

---

4) 빙어 비슷한 홋카이도 특유의 생선

남편에게도 생선을 굽는 건 가정생활의 즐거움인 거예요. 취미라고 해도 무방할 것 같아요.
  게살을 발라내는 일도 남편이 해 주고 있어요. 나는 늘 어깨가 쑤시기 때문에, 원고나 편지도 구술할 정도이므로 게살을 발라내는 일 같은 건 엄두도 못 내요. 손재주가 좋은 남편은 기꺼이 이런 일까지 해 주지요.
  또 이부자리를 펴는 담당은 남편, 개 올리는 건 내가 하고 있어요. 남편에게는 자기 나름의 이불 펴는 방식이 있다는군요. 어설픈 내가 손을 대지 않는 편이 나은 모양이에요. 남편이 깔아 놓은 요 위에 눕는 거지만, 물론 나는,
  "이불을 깔아 주셔서 감사합니다."
하는 말을 잊지 않는답니다.
  이렇게 해서 잠자리에 든 내 몸을 그는 매일 거르지 않고 마사지해 줘요. 남들이 보면,
  "이 무슨 여인 천하의 꼴이람."
하고 놀랄지도 몰라요.
  하지만 남편은 약자를 보살펴 주는 건 당연한 일이라고 말해요. 머리를 마사지한 다음 동백기름까지 발라 주지요. 그게 그의 애정 표시인 거예요. 그리고 그는 말하지요.
  "남자가 할 일, 여자가 할 일 하고 따로따로 구분해서 정하는 건 좋지 않다고 봐. 서로 자기가 잘하는 일을 맡아서 하면 그걸로 되지 않을까?"
  나는 이 말을 훌륭하다고 생각해요. 어째서 남자가 부엌일을 하면 안 되는 걸까요? 일상에 지친 여자가 남편의 도움을 받는 게

어째서 나쁜 걸까요? 부부란 서로의 삶을 존중해야 한다고 나는 생각해요. 농으로라도 '남자가 되어서'라든지, '여자인 주제에'라는 말을 써서는 안 되리라고 봐요.

그렇지만, 다음과 같은 경우는 좀 생각해 봐야 할 문제이지 싶어요. 그건 회사에서의 차 심부름을 여자는 단연코 거부해야 한다느니, '남녀가 평등하므로 남자도 집안일을 해야 한다느니' 하는 사고방식 말이에요.

내 생각이 고루한지는 모르지만, 이른바 평등이라는 것을 나는 달갑지 않게 생각해요. 왜냐하면 그건 서로를 존경하는 이야기로는 여겨지지 않기 때문이지요.

남녀는 정말로 평등한가 운운하는 딱딱한 사고방식을 생활 속에 무턱대고 끌어들이고 싶지는 않아요.

이 대목에 오해가 있어서는 안 되므로, 좀 더 자세히 개인이란 걸 생각해 봅시다.

남성이나 여성에게도 개성이 있기 마련이지요?

지난날, 내가 하숙하고 있던 집 아들은 그 무렵 요즘의 고등학생쯤 되는 나이였는데, 재봉틀을 곧잘 돌리곤 했어요. 자기 옷은 자기가 기워 입었지요.

그러나 그의 형은 손 하나 까딱하지 않았어요. 노래를 좋아해서 늘 오페라가수처럼 몸을 흔들면서 노래를 부르곤 했지요. 아마도 이 사람은 재봉틀에는 손가락 하나 댄 일이 없었을 거예요.

같은 부모한테서 태어났는데도 그들 형제는 이렇게 딴판이었어요. 그건 그런대로 괜찮아요. 딱한 건 사람은 제각기 개성이 다른 데도 불구하고 일률적으로 묶으려는 경향이 있다는 점이죠.

세상에는 기계를 잘 만지는 사람이 있는가 하면, 기계에는 깜깜이라서 테이프 리코더도 켤 줄 모르는 사람이 있어요.

독서를 좋아하는 사람이 있는가 하면, 활자만 봐도 머리가 아파하는 사람도 있지요.

장기를 좋아하는 사람도 있고, 장기 같은 건 거들떠보지도 않는 사람도 있어요. 그리고 뜰을 가꾸기 좋아하는 사람도 있고, 화초 같은 거엔 아무런 흥미조차 없는 사람도 있고요.

이처럼 사람의 개성이란 실로 갖가지예요. 그 천차만별의 개성을 지닌 어떤 사람과 결혼하게 될는지 우리는 그걸 몰라요. 각자의 개성에 따라 자기 나름의 가정을 꾸며 나가면 된다고 봐요.

만약 당신의 남편이 설거지를 싫어하는데도 억지로 시켰다면 그건 문제가 될 법하지요. 그릇된 평등 이론으로 남성에게 집안일을 강요하는 건 삼가야 한다고 봐요.

하지만 남편이 당신을 도와주는 일에 기쁨을 느낀다면, 그걸로 좋겠지요. 설사 시어머님이 뭐라 평하시건 간에 당신 두 분의 가정은 두 분의 합의에 따라 꾸며 나가면 되리라 생각돼요.

물론 자기가 생각하는 것 중에 잘못된 점이 있으면 선배나 시어머님의 충고나 의견을 순순히 받아들여야겠지요. 시어머님에게는 당신이 남편을 얼마나 소중히 받들고 있는지 아실 수 있도록 남편에 대한 당신의 태도나 말씨에 세심한 주의를 기울여야 할 거예요. 그러면 틀림없이 당신의 속마음을 알아주실 거예요.

그럼 명랑하고 좋은 협력 관계를 이룩하시어 밝은 가정을 꾸며 나가시도록 기도하겠습니다.

늘 평안한 가정을 이룩하시기를.

가정은 사랑의 음계音階

주신 편지 잘 받아 읽었습니다.

당신은 결혼 7년째 주부로, 현재 남편과 세 살짜리 아드님, 그리고 62세의 시어머님, 이렇게 네 식구가 함께 살고 계신다고 하셨는데, 이것저것 힘드시겠습니다.

당신의 고민은 아침 일찍부터 밤늦게까지 가족을 위해 하루 내내 가사에 몰두하고 있는데도, 남편이나 시어머님께서 그다지 달가운 얼굴을 하지 않는 데에 있는 것 같군요.

편지에 따르면, 남편이 아침에 욕실에 갈 때면 깨끗한 수건과 치약 묻힌 칫솔을, 언제나 미리 준비해 둘 만큼 자상한 부인인 것 같군요. 아주 훌륭하십니다.

나 같은 사람은 결혼해서 23년간, 단 한 번도 그러한 빈틈 없는 수발을 한 일이 없습니다. 날마다 새 와이셔츠, 새 내의, 다림질한 손수건, 깨끗한 양말을 준비하고, 게다가 구두를 윤이 나게 닦아 두신다는데, 이런 주부는 요즘 세상에는 흔치 않은 것 같네요.

밤에는 아무리 늦어도 저녁을 들지 않고 남편이 돌아오시기를 기다리고, 한편 먼지 하나 없는 집안이라는 이야기를 들으면 세상의 남편들은 한숨이 나올 정도로 부러운 주부라는 생각을 하리라고 봅니다.

더구나 시어머님한테는 이불 하나 치우시지 못하도록 하고, 행여나 마음 상할세라 지극히 효성을 다하고 계시다니, 말하자면 당신은 주부들의 우등생이십니다.

그런데도, 왜 그런지 남편이나 시어머님도 거기에 대해 감사하지 않고 기뻐하시지도 않는다고 하셨지요? 정말, 세상일은 뜻대로 안 되는가 봅니다.

그러나 나는 남편이 기뻐하시지 않는 심정과 시어머님이 품고 계시는 불만을, 조금은 알 것 같은 생각이 드네요. 물론 언제나 집안이 정돈되어 있어 아무런 흠도 잡을 수 없는 당신의 노력은 칭찬받아야 마땅하지만, 인간의 감정이란 원래가 복잡하게 되어 있나 봐요.

"내게 무슨 잘못이 있는 것일까요?"
하고 당신은 말씀하십니다.

실은 이 물음이야말로 남편과 시어머님의 불만을 사는 중대한 이유라고 생각합니다. 아마도 당신은 어려서부터 꿈에도 잘못을 저지르지 않도록 세심한 주의를 하면서 자라셨으리라 짐작됩니다. 잘못이 없도록 주의하는 것을 나쁘다고는 생각하지 않습니다.

하지만 잘못이 없도록 주의하는 동기가 어디에 있느냐, 이것이 문제라고 생각됩니다.

'남을 즐겁게 해 주기 위해' 실수 없이 하는 사람과 '자기가 하는 일에 손가락질 한번 안 받겠다'라는 생각으로 실수 없이 하는 사람, 두 유형이 있는 것 같네요.

이런 말씀을 드리면 불쾌하게 여기실지 모르겠습니다만, 어쨌건 실수가 없으면 되지 않냐고 생각하실지도 모르겠습니다.

'내가 하는 일은 올바르다'라는 생각을 품고 계시는지도 모르겠습니다.

제아무리 집안일을 잘한다 해도, 만약 자기는 실수하는 일이 없다든가, 자기는 올바르다고 말하기 위해 일한다면, 거기에는 사랑이 좀 모자라지 않았나 하는 생각입니다.

62세의 시어머님으로서는 집안일에 일절 손을 댈 수 없다는 것, 이것도 그다지 고맙지 않은 일인지도 모릅니다.

지극한 효성으로 떠받드는 것도 하루나 이틀이면 괜찮겠지만, 무슨 일이든지, 당신의 생각대로 진행하는 것에 시어머님은 외로움을 느끼셨으리라 봅니다.

인간은 없어서는 안 되는 존재로 대접받을 때가 가장 기쁜 법입니다.

여기에 하나의 에피소드를 말씀드리려고 합니다. 지금 나는 「사랑의 귀재鬼才」라는 소설을 〈소설 신아시新潮〉지에 연재하고 있습니다.

그 주인공의 어머니는 매우 상냥한 사람으로, 주인공의 아내인 큰며느리와 주인공 동생의 아내인 작은 며느리와 아주 사이좋게 살고 있었습니다.

이 두 며느리 중 작은 며느리는 당신처럼 집안 살림을 잘하였지만, 큰며느리는 살림은 그다지 잘하는 편이 아니었던 모양입니다.

어느 날 교회 여전도사가 이 집을 방문했습니다. 그때 두 며느리는 각자 자기의 애를 무릎에 안고 마루에 앉아 즐겁게 이야기를 나누고 있었습니다.

그런데 시어머니는 머리에 수건을 쓰고 뜰 안에서 부지런히 옷에 풀을 먹이면서 두 며느리의 이야기에 끼어들어 즐겁게 담소하며 일하고 있더랍니다.

시어머니가 하는 일을 도우려 하지 않고 마루에 편히 앉아 이야기를 나누고 있는 두 며느리와 혼자서 부지런히 일하는 시어머니의 모습은 뭐라 말할 수 없는 따스한 분위기를 자아내고 있더라는 것이었습니다.

그 화목한 모습에 여전도사는 깊은 감명을 받았다고 합니다.

나 역시도 이 이야기를 듣고 크게 감동했습니다. 시어머니와 며느리가 함께 일하면서 사이좋게 담소하는 것도 보기 좋은 모습이 틀림없습니다.

또 두 며느리와 시어머니 세 사람이 마루에 앉아 차를 마셔도 그것은 그것대로 즐거우리라고 봅니다. 하지만 두 며느리가 시어머니가 일하는 옆에서,

'도와드리지 않으면 안 되겠다.'

하는 생각은 아예 하지도 않고, 일하는 시어머니 또한,

'나 혼자만 일을 부려 먹고'

하는 생각은 털끝만큼도 없이, 세 사람이 담소한다는 것은 얼마나 아름다운 고부간의 모습일까요.

이런 정겨운 모습은 이미 시어머니와 며느리의 관계가 아니라, 혈육의 경지라고 생각합니다. 이 세 사람은 죽을 때까지 화목하게 지냈다고 들었습니다.

 일시적으로 갖다 붙인 상대적 사이에는 이러한 고부간의 정경이 생겨날 리 없습니다. 두 며느리가 남편과도 화목하게 지낸 것은 물론입니다.

 당신은 이 이야기를 어떻게 생각하십니까? 이 두 며느리에게는,
 "내게 무슨 잘못이 있는 걸까요?"
하는 말은 생각조차 할 수 없는 말이었을 겁니다.

 물론 두 며느리도 언제나 놀고 있었던 것은 아니겠지요. 자기의 힘닿는 데까지는 일했겠지만, 쉴 때는 눈치 보지 않고 푹 쉬었다는 이야기가 되겠지요.

 특히 큰며느리는 몸도 튼튼한 편이 아니었기 때문에 지치면 허물없이,
 "낮잠 좀 자야겠어요."
하고 대낮에도 떳떳이 이불을 깔고 잤다고 합니다.

 그러고도 시어머니의 사랑을 받고 동서 간에도 사이가 좋았다니 감탄하지 않을 수 없습니다.

 '자기가 바라는 대로 남에게도 해 주어라.'
라는 말을 아시리라고 믿습니다. 이것은 유명한 성경 말씀인데, 금언이라고들 말합니다.

 우리 인간은 도대체 남이 자기에게 어떻게 해 주기를 바라면서 살아갈까요?

 물론 깨끗이 청소한 집 안이나 청결한 옷이 항상 준비되어 눈앞

에 있는 건 바람직하지요.

하지만 부지런히 일하는 마음의 어느 한구석에,

'어때요, 이래도 무슨 불만이 있나요?'

하는 생각이 있다면, 그것은 번뇌로 변하고 말지 않을까요?

'이렇게 정성을 다하고 있다고요. 조금쯤은 즐거운 얼굴을 하시면 어때요?'

그런 생각도 사람은 민감하게 알아차리는 법이랍니다. 당신이 제아무리 부지런히 일하고, 남편이나 시어머니에게 정성을 다하고 있다고 해도 감사를 강요하는 마음이나 자기만 옳다는 마음을 가지고 있으면 상대방은 조금도 즐겁지 않은 법이랍니다.

앞에서 말한 두 며느리와 시어머니가 친부모 자식처럼 일생 화목하게 지낼 수 있었던 것은 시어머니도 훌륭했지만, 두 며느님의 마음속에 시어머니에게 가진 거짓 없는 경외심이 있었기에 가능하지 않았을까요?

이런 나의 답변이 대답이 되었는지 모르겠습니다만, 이제 다시 한번 차분히 생각해 보시도록.

그럼, 행복을 빕니다. 안녕.

사랑은 인내의 숨은 꽃

올해도 어김없이 5월 24일이 찾아왔군요. 이날은 우리 부부의 결혼기념일이랍니다. 바로 엊그제 결혼한 기분인데, 어느덧 24년이란 세월이 흘렀습니다.

결혼 1년째 되던 날, 우리 부부는 아사히카와에서 기차로 2시간쯤 걸리는 나요로名寄로 단거리 여행을 갔었어요.

지난날 내가 입원했던 나요로의 어느 병원에서, 같이 있던 분이 지금도 치료받고 있었어요.

우리 부부는 결혼기념일이라는 뜻깊은 날을 우리만을 위해 보내지 말고, 남을 위해 봉사하자고 합의를 보았어요. 그래서 병문안 여행을 하기로 한 거였어요.

그로부터 올해까지 결혼기념일을 보내왔습니다.

그러나 지난해와 3년 전 결혼기념일에는 남을 병문안하기는커

년 내가 병원에 입원해 있었어요. 갖가지 기념일을 지내왔지만, 오직 한 가지 이상한 공통점이 있었습니다.

우리 부부의 기억에 착오가 없다면, 맑지 않은 날이 없었다는 사실이에요. 엷은 구름이 끼는 일은 있어도 푸른 하늘이 펼쳐져 있곤 했지요.

이때의 홋카이도는 기압 관계로 맑은 날이 많은지도 모르겠네요. 어쨌든 결혼기념일에 날씨가 늘 좋다는 건 반가운 일이 아닐 수 없었습니다.

그럼, 올해는 결혼기념일을 어떻게 보냈을까요? 우리 부부는 사이가 좋지만, 서로 기념품을 주고받는 일은 거의 없어요. 아니 전혀 없다고 할 정도입니다.

크리스마스건 생일이건, 아무 선물도 하지 않아요. 그 대신 결혼기념일 같은 날은 조그마한 추억을 남기기로 했지요.

생각해 보면, 이 세상에는 얼마나 많은 남성이 있고 여성이 있는지 모르는데, 그중에서 한 남자와 한 여인이 결혼했다는 것은 역시 하나님의 깊은 뜻이 없고서는 안 되는 일이라는 생각이 들어요. 게다가 20 몇 년 동안을 부부로 지내고 있다는 것은, 정말로 감사한 일이라고 생각해요.

그렇지만 세상에는 불행히도 사별하거나 부득이한 사정으로 이혼하는 사람들도 적지 않지요. 그런 생각을 하면, 나와 같은 사람이 올해도 결혼기념일을 남편과 둘이 맞이할 수 있도록 허락받은 하나님의 은혜에 숙연해지지 않을 수 없군요.

어디엔가도 쓴 기억이 나는데, 나의 친정아버님은,

"아야코하고 결혼하는 남자는 돌대가리거나, 아니면 꽤 영리한 친구가 아니면 안 될걸."
하고 자주 말했어요.

내 성격이 극성이라 결점이 많았기 때문이지요. 게다가 나라는 여자는 폐결핵과 척추 카리에스로 병원을 넘나들며, 오랫동안 요양하는 몸이었어요. 13년의 투병 끝에 가까스로 병상에서 일어나게 되었지요.

겨우 병상에서 일어난 나하고, 지금의 남편은 결혼해 주었어요. 그것도 여러 해를 기다렸다가 결혼했지요.

두 살이나 연상이었던 나는 서른일곱 살이 되었어요. 이런 여자하고 결혼하는 남성이 세상에 또 어디 있을까요?

내가 나의 결혼에 대해 하나님의 사랑과 남편의 사랑을 생각한 나머지, 엄숙하게 감동을 표현하는 것에 무리가 아니라고 생각지 않으시는지요?

그런 까닭에 나는 하나님이 허락해서 두 사람을 한 쌍으로 만들어 주신 그날, 다시 말해서 결혼기념일을 결코 등한시할 수 없습니다.

해마다 이날은 우리 두 사람이 서로 모르는 사이에 행동을 같이해 왔고 추억도 만들어 왔었어요. 그런데 올해에 남편은,

"아야코, 오늘은 니이토미초新富町에 가 보자고…."
하고 말했어요.

"니이토미초?"

그때 나는 가슴이 뜨거워지는 걸 느꼈지요.

니이토미초는 우리 집에서 차로 15분쯤 걸리는 곳에 있는 조용한 주택가예요.

결혼 당시, 나는 500m도 걷지 못했었어요. 새로운 생활에 익숙해졌을 무렵, 남편은 나를 니이토미초에 데려가 주었어요. 결혼하고, 아직 한 달이 채 못 되었던 때라고 기억됩니다.

당시 우리가 사는 셋집 바로 곁에 버스 정류장이 있었는데, 그곳에서 우리 두 사람은 버스를 타고 니이토미초 종점에서 내렸습니다. 버스로 10분도 안 걸린 것 같아요. 하지만, 나로서는 처음 가 보는 곳이었습니다.

이제 겨우 집이 들어서기 시작한 그 종점 근처는, 아직도 밭이 널려있었는데, 그 밭 가운데를 도랑이 흐르고, 가득 찬 물이 햇볕에 빛나고 있었어요.

약간 경사진 언덕에는 부드러운 풀이 무성했는데, 우리는 그곳에 앉아 버스 종점 구멍가게에서 산 아이스크림을 먹었지요.

화창한 6월의 하늘에 종달새가 울고, 어디선가 뻐꾸기의 울음소리가 들려왔어요. 남편이 '삼광조三光鳥'라는 새소리를 가르쳐 준 것도 그때였지요.

넓은 튤립 꽃밭에 하얗고 빨갛고 노란 튤립이 밭이랑마다 보기 좋게 피어 있었어요. 앓고 난 뒤라서 신혼여행을 가지 못했던 나에게 그날의 외출은 신혼여행같이 즐거운 한때였답니다.

그런데 올해 남편은 옛날 결혼할 때 입었던 더블로 된 양복을 입고, 다시 말해서 24년 전의 양복을 입고 니이토미초에 갔어요.

그날은 아침부터 원고에 쫓겨 외출할 틈이 없었던 거예요. 그래도 어찌어찌 시간을 내어 우리가 출발했을 때는 이미 오후 5시를 지나고 있었어요.

버스 종점 근처는 옛날엔 변두리라는 인상이 짙었는데, 올해 찾아가 보니, 니이토미초는 아주 활기찬 곳으로 변해 있었어요.

막다른 길로 알고 있었던 종점 일대도 거의 밭이 안 보일 정도로 집이 들어차 있었어요. 그래도 손바닥만 한 밭이 남아있는 걸 발견했을 땐, 무척 반가웠지요.

언덕은 튼튼히 쌓아 올려져 있어도, 물을 대는 도랑은 옛날 그 무렵과 똑같은 곡선을 그리면서 흐르고 있는 걸 보았어요. 그땐 정말 얼마나 반가웠는지 몰라요.

지나간 추억의 땅에 옛날과 변함없는 모습이 조금이라도 남아 있다는 걸 보는 것이 얼마나 신나는 일인지 처음으로 느꼈지요.

우리는 모습이 바뀐 추억의 땅에 서서 흘러간 그 옛날의 종달새 소리와 삼광조 소리를 새삼 떠올리면서 도랑 곁의 부드러운 풀방석의 감촉을 그리워하였지요. 확실히 변한 변두리의 변모는 24년이란 세월의 흐름을 실감하게 했습니다.

하지만 아직도 옛날의 면모가 조금이나마 남아있었던 관계로, '처음 먹었던 마음을 잊지 말라'는 말을 새삼 생각나게 했어요. 남편이 니이토미초에 찾아가자고 말한 건, 실로 이 '처음 먹었던 마음을 잊지 말라'는 경구의 소중함을 우리 두 사람이 확인하기 위한 것이기도 했습니다.

〈성경〉에는,

너를 책망할 것이 있나니 너희 처음 사랑을 버렸느니라 그러므로 어디서 떨어진 것을 생각하고 회개하여 처음 행위를 가지라(요한계시록 2:4~5)

하고 경계하고 있습니다.

이 경계를 남편은 결혼한 이래 자기의 가슴에 새겨 왔던 모양이에요. 처음 사랑에서 벗어나면 안 된다고 말입니다. 그래서 우리 부부는 결혼기념일뿐만 아니라, 처음 만난 날인 6월 18일을 해마다 잊은 일이 없었지요.

그리고 처음 악수한 날인 8월 24일도 기억하고 있어요. 물론 교회에서 성경책을 교환하고 약혼식을 올린 1월 25일도 해마다 두 사람이 감사하고 지낸답니다.

결혼기념일을 상기한다는 건 두 사람 결혼의 목적을 잊지 않는 일이기도 하지요. 우리 부부는 결혼하기 전에, 어떤 가정을 꾸밀 것인가 서로 이야기하기도 했어요.

"두 사람만 사이좋게 지내기 위해 결혼하는 게 아니고, 다른 사람들을 위해서도 도움이 되는 가정을 만들고 싶다."

"우리 집 주인은 남편도 아내도 아니고, 그리스도가 아니면 안 될 것이다."

그런 이야기를 우리는 나눴어요. 그리고 신앙의 선배 스가와라 유타카菅原豊 선생이 보내주신,

'가정도 교회여야 한다.'

라는 말을 소중히 여겨, 가정을 기도의 장소, 성경을 읽는 장소, 전도하는 장소로 만들자고 서로 맹세했어요.

그리고 또 결혼 주례를 서 주신 나카지마 마사아키中嶋正昭 목사님이,

"결혼했다고 해서 당장 다음 날부터 부부가 되는 것은 아닙니다. 일생 걸려서 부부가 되는 것입니다."

라고 하신 말씀도 매우 소중히 간직해 왔어요.

  그런 말씀을 헛되이 하지 않기 위해 결혼기념일도 소중히 여기지 않으면 안 된다고 생각해 왔습니다.

  돌아오는 길에 우리는 몇 해 전에 돌아가신 큰어머님 댁을 방문하고, 그곳에서 하나님께 기도하고 돌아왔습니다.

  당신에게도 하나님의 은총이 있기를 기도하면서, 올해의 기념 결혼기념일에 있었던 일을 알려 드립니다.

방 안을 오가면서
껴안은 낭군이여
오늘따라 당신도
외로움에 우는가

결혼 뒤에도 변치 않는
외로움에 못 이겨
십 년을 거르지 않던
인기를 그만두리

그대 함께 있어도
외로움은 더하고
쓸쓸한 저녁노을
성구聖句만 떠오르네

2
삶이 지나가는 길목에서

얼마나 많은 사람이 생활의 시간에 밀려
이 작은 것들을 잊고 사는 걸까

침묵으로 말하고 싶다

    조금 전의 전화에 대한 답을 드립니다. 그러나 대답다운 대답이 될는지, 자신이 없습니다.
    '나는 남들처럼 사람들 앞에서 말을 잘 못한다. 그래서 사친회 같은 모임에 나가는 것도 망설여진다. 나는 말주변이 없어 남들에게 바보 취급당하지 않도록, 나 자신이나 아이들의 복장은 좋은 것을 택하고 있다. 어떻게 하면 남들처럼 생각한 바를 잘 말로 표현할 수 있을까요?'
    이것이 당신이 물어본 내용이었습니다. 그래서 내가 이것저것 없는 지혜를 짜 어드바이스advice 해드렸지만, 내가 하는 이야기는 거의 귀담아듣지 않고,
    "말주변이 없다."
라는 말만 되풀이하셨습니다.

C씨, 사실은 말이지요, 나 역시 말주변이 없답니다. 친구와 둘이 얘기할 때도 그렇고, 많은 사람 앞에서 강연할 때도, 나는 내가 말주변이 없다는 것을 스스로 통감한답니다.

그런데 오늘, 나는 '올리브 회'라는 부인네들의 모임에 다녀왔습니다. 이 모임은 매월 강사를 초빙해서 공부합니다. 공교롭게도 오늘의 주제는 사람들 앞에서 제대로 말하는 비결이었습니다.

강사는 NHK에 계시는 분이었습니다. 평소에는 5, 60명 모이는데, 오늘은 그 배쯤 모였습니다.

너나 할 것 없이 사람들 앞에서 이야기하는 어려움을 통감하고 있구나 하는 생각이 들었습니다.

C씨, 당신 혼자만 말주변이 없는 건 아닙니다. 우선 기운을 내세요.

강사분은,
"말을 잘하려면 듣기를 잘해야 한다."
라고 말씀하셨습니다.

이 말은 흔히 듣지만, 뜻이 깊은 말이라고 생각됩니다.

'듣기를 잘하는' 사람은 틀림없이 겸손한 사람일 것입니다. 먼저 자기가 이야기하는 게 아니고 상대방에게 충분히 이야기하게 배려한다는 것, 이것은 될 것 같으면서도 좀처럼 잘되지 않는 일이라고 생각합니다.

사람들 대다수는 상대방의 말을 듣기보다 자기가 먼저 말하기를 좋아합니다.

'듣기를 잘하는' 사람은 이해심이 많은 사람이라고 생각합니다. 귀 기울여 열심히 들음으로써 상대방의 마음을 잘 헤아릴 수 있습니다. 상대방의 마음을 알면 자연스럽게 공감을 표시할 수 있게 될 것입니다.

여기서 나는 실례되는 말씀을 좀 드려야겠습니다. 하지만 중요한 일이라고 생각되므로, 실례를 용서하시길 바랍니다.

당신은 전화로, 내가 하는 말은 거의 귀담아듣지 않고 계셨습니다. 상담 전화라고 말씀하시면서도 내 의견을 듣기보다는 당신이 하고 싶은 말씀만 하시는 느낌이었습니다.

이제부터는 상대방의 말도 귀담아들어 주시기를 꼭 부탁드립니다. 거기서부터 서로의 대화가 시작되는 것이니 말입니다.

그럼, 이야기를 처음으로 돌리겠습니다. 강사분은 말을 잘할 수 있으려면,

A. 상대방에 대한 이해심을 가질 것
B. 모든 사물에 신선함을 느끼는 풍부한 감수성을 기를 것
C. 허영심을 버리고, 자기 자신을 솔직하게 보여 줄 것
D. 언제나 자기 마음을 갈고 닦을 것

등을 명심하라고 말씀하셨습니다.

이 이야기를 들으러 온 사람들은 아마도 뜻밖이라고 생각하셨을지도 모릅니다.

NHK에 계시는 분이 '사람들 앞에서 제대로 말하는 비결'에 관해 강연하는 것이니, 좀 더 발음, 발성, 말과 말의 사이를 두는 시간, 말의 구성, 말하는 자세, 눈을 두는 곳 등 기술적인 문제에 대해 전문가로서 어드바이스해 주리라고 생각한 사람이 많았을 것입니다.

그런데 그런 문제는 일언반구도 없이, 내가 들은 요점은 이상

네 가지였습니다.

생각해 보면, 사람의 입에서 나오는 말이란 실은 마음에서 나오는 것임을 알 수 있습니다. 이 마음에서 나온다는 사실을 잊고 말하는 것은 난센스입니다.

가난한 마음에서는 가난한 말 밖에 나오지 않습니다. 풍부한 말은 풍부한 마음에서 나옵니다. 실로 단순하고도 명쾌한 이 한 가지 사실을 우리는 잊고 있었던 게 아닌가 싶습니다.

우리는 아침에 깨어나면 남편, 아이들, 시아버님, 시어머님, 동네 사람들, 직장 사람들, 친구들, 가게 사람들 등등 많은 사람과 말을 주고받습니다. 말을 주고받음으로써 우리는 용기를 얻고 위안을 얻고 기쁨을 맛보게 됩니다.

그와 동시에 남에게 상처를 주고 남을 깔보는 어리석은 과실도 저지르게 됩니다. 말은 인간의 운명마저 바꿔 놓을 수 있는 커다란 힘을 지녔습니다.

어느 청년은 동네 사람들과 제대로 인사도 하지 않고 지냈기 때문에, 자기가 좋아하는 여성과의 결혼도 깨지고 말았습니다. 주위 사람들의 평판이 나빴기 때문입니다.

어떤 여성은 말씨가 부드럽고 몸가짐이 정숙했기 때문에 근무처 상사의 눈에 들어 그 아드님과 결혼했습니다.

사람의 마음은 말에 나타나게 마련입니다. 말에 관해서 생각하는 것은, 자기의 인격에 관해서 생각하는 일입니다.

당신은 전화해서, '남들에게 바보 취급당하지 않도록 자신이나 아이들의 복장은 좋은 걸로…'라고 말씀하셨습니다.

물론 복장에는 그 사람의 취미나 배려가 나타나는 법이지요. 하지만 전화로 들은 내 판단이 틀림없다면, 당신의 경우, 그것은 허영심으로 들렸습니다.

허영심이란 자기의 내면을 갈고 닦아 주지도 않고 길러 주지도 않습니다. 오히려 내면을 거칠게 만들고 시들게 만듭니다. 모처럼 이야기하는 방법에 관해서, 그리고 말에 관해서 고민하고 계시니, 초점을 바꾸지 않고 생각해 보시지 않겠습니까?

말이나 화술에 관해서 생각하는 것은, 우리가 생각하는 것보다 훨씬 더 중요한 일입니다.

성경에도,

'태초에 말씀이 계시니라'

라는 유명한 성구가 있습니다.

그 말에 이어,

'이 말씀이 하나님과 함께 계셨으니'

라고 쓰여 있습니다.

이 대목은 성경 중에서도 신학적으로나 철학적으로 심원한 의미를 지닌 대목이므로, 문외한인 내가 깊이 들어가는 것은 삼가겠습니다만, 다만 말은 소홀히 생각해서는 안 된다는 점을 말씀드리고 싶습니다.

우선 자기 자신을 겸허하게 들여다보고 마음을 풍부히 길러 주시기를 바랍니다. 그렇게 하면 이야기해야 할 것과 이야기해서는 안 될 것을 자연히 알게 되실 것입니다.

이야기는 많이 하지 않아도 됩니다. 모르는 것은 모르는 대로 내버려두어도 상관없습니다. 오히려 자연스러운 자기의 모습 그대로가 좋습니다.

약간 더듬거리거나 실수해도 괜찮습니다. 당신의 말로서 이야기하십시오.

료오칸 오쇼오良寬和尙5)를 알고 계시겠지요? 에도江戶 후기의 승려이며, 가인歌人으로도 유명한 사람입니다.

어린아이들까지 따르던 이분은 자신의 호를 '대우大愚'라고 지었습니다. '천하 제일가는 바보'라는 호를 지은 것 역시 일류의 승려라는 느낌이 듭니다.

알기 쉬운 말로 사람들의 가슴에 와닿는 수많은 말을 남긴 료오칸은 말에 관한 계언啟言을 남겼습니다. 그 '료오칸 계오良寬戒悟'에 다음과 같이 조심하라고 쓰셨습니다.

1. 말 많은 것
1. 입바른 것
1. 묻지도 않는데 말하는 것
1. 딴말하는 것
1. 남의 말이 끝나기도 전에 말하는 것
1. 쉽게 약속하는 것
1. 자기 집안을 남에게 자랑하는 것
1. 학자인 체 말하는 것

---

5) 에도(江戶, えど) 후기의 선승(禪僧). 가인(歌人). 1758~1831

1. 고상한 체 말하는 것
　　1. 남이 달라고도 않는데, 먼저 주겠노라고 말하는 것

　어느 것을 보아도 나에게는 귀따가운 말뿐인데, 료오칸 님은 사람들이 하는 꼴을 보고, 이렇게 적어 놓지 않으면 안 되겠다고 생각하신 것 같습니다. 나도 스스로 경계해야겠다고 생각합니다.
　바라건대, 남의 눈을 그다지 의식하지 말고, 당신은 자신으로 있도록, 그리고 당신 자신의 진실한 마음에서 우러나오는 말로서 말씀해 주십시오. 부족하고 서툴더라도 말을 잘하려고 애쓰지 말아 주세요.
　건강한 일상생활 속에서 마음의 쾌유를 빕니다.

오늘 나는 강물이 되어

    그 뒤 순조롭게 회복되고 계신다는 글을 읽고 기뻤습니다. 나 역시도 덕분에 한 7할 정도는 나았지만, 그 뒤는 일진일퇴의 양상으로 생각했던 만큼 상태가 좋지 않습니다. 그래도 조금씩 일을 시작하고 있으니, 안심하시길 바랍니다.
    당신의 편지, 가슴에 스며들어 잘 납득이 갑니다. 병은 나아져도 마음속은 서운한 생각으로 가득 차 있다고 말하셨지요?
    그것은 당신을 문안하러 와 주지 않는 한두 분이 그 원인이라고 말씀하셨지요?
    나도 이전에 13년이나 요양했는데, 그때는 3개월 동안 문자 그대로 투병 생활을 했었습니다. 그러는 동안 당신과 똑같은 서운한 심정에 사로잡히지 않은 것은 아닙니다.
    내가 폐결핵과 카리에스를 앓을 무렵 지은 노래에, 다음과 같은 것이 있습니다.

> 4년 만에 듣는 숙부님의 음성
> 옆방에서 잠깐 들리더니
> 나를 들여다보지도 않고
> 그대로 돌아가 버리시네.

그 당시 나는 우리 집 별채에 누워 있었습니다. 거실 쪽에서 숙부님의 큰 목소리가 들려왔습니다. 4년 만에 듣는 목소리였습니다. 나는 숙부님이 틀림없이 내 방에 얼굴을 내밀 것이라고 기대하고 있었습니다.

하지만 숙부님은 나를 보러 오시지 않았습니다. 그때 나의 서운한 심정을 이루 형용할 수가 없었습니다. 오랫동안 누워 있는 나를 벌써 죽고 없는 사람처럼 숙부님은 잊고 계시는구나 하고 생각한 것입니다.

얼마 전에도 이와 비슷한 일이 있었습니다. 나는 갑자기 대상포진에 걸려 병증이 매우 심각했기 때문에 얼마 동안 면회를 사절했습니다.

그래도 편지를 주시고, 전화를 주시고, 위문품을 보내주시고 한 분들이 내 직업과의 관계로 많이 계셨습니다. 그중에 평소 아주 친한 어느 분 한 분은 병문안을 오시지 않았습니다. 맞아요. 지금 당신이 말씀하시는 것과 똑같습니다.

"평소에는 그처럼 오가면서 누구보다도 친하게 지냈는데…."

당신은 그렇게 말씀하십니다. 인간이란 이상한 존재가 아닌가 싶어요.

　제아무리 여러 사람이 병문안을 와도 그중 친하게 지내는 사람이 하나라도 빠지면, 이루 말할 수 없이 서운하게 느껴진다는 것, 이것은 숨길 수 없는 인간의 정이 아니고 무엇이겠습니까?

　그런데 사람의 마음속 밑바닥은 말입니다, 그렇게 간단히 알 수 있는 게 아니라는 사실을 이번에 알았습니다.

　병문안을 와 주신 분들만 진심으로 당신을 걱정해 주셨다고 단언할 수는 없습니다.

　내 친척 한 사람은, 내가 앓는 동안 아무 소식도 없었습니다.

　평소에는 1년에 몇 번씩 내가 방문했고, 그분이 아플 때는 문안도 갔었습니다. 의리상으로 보더라도 아파 누워 있는 나를 찾아왔어야 할 사람입니다.

　바로 며칠 전 남편이,

　"모르긴 하지만, 그 사람도 몸이 불편한지도 몰라. 전화라도 걸어 보는 게 어때?"

하고 말했습니다.

　바로 전화를 걸었더니, 남편이 말한 대로, 나보다 더 심히 앓아 누워 있었습니다. 제아무리 이쪽 일이 걱정되어도 찾아오는 것은 물론이고, 전화조차 걸 수 없었다는 것이었습니다.

　전화를 걸면 자기가 아파 누웠다는 걸 이쪽에 안 알릴 수 없고, 알리면 이쪽에 걱정을 끼치게 되리라는 생각에서 그리하였으리라고 짐작됩니다.

　"다만, 아침저녁으로 기도만 하고 있었습니다."

　숨을 헐떡이면서, 그녀는 힘겹게 대답했습니다.

당신이 지금 마음에 꺼림칙하게 생각하는 그 사람도, 혹시 병환으로 누워 있을지도 모릅니다. 아니면 뜻밖의 골치 아픈 문제가 생겨 넋을 잃고 있는지도 모르지요.

우리는 자칫하면 이처럼 자기중심이 되기 쉽습니다. 하물며 병을 앓게 되면, 자기의 고통이나 식욕부진, 혈압 등의 증상에 정신이 쏠려 남의 처지를 생각하기가 무척 어렵게 됩니다.

그래서 왜 친구나 친지가 병문안을 와 주지 않나, 그 이유를 생각하는 여유를 잃게 됩니다.

무엇보다도 대다수의 사람은 선천적으로 남을 받아들이지 않는 좁은 소견을 지니고 있으므로, 선의로 해석하기가 무척 힘이 듭니다. 뭔가 토라진 생각이 있기에 병문안을 와 주지 않는 게 아닌가 하고, 이것저것 부질없이 생각하고는 고민하는 것입니다.

나는 이번의 병으로 많은 것을 배웠습니다. 그리고 병문안도 갖가지 사정이 있다는 것을 알았습니다.

꽃이나 과일을 보내는 사람도 있고, 정성 들여 종이학을 접어 편지 속에 넣어 보내는 사람도 있고, 날마다 신선한 채소를 보내는 사람도 있고, 찬송가를 테이프에 담아서 보내는 병문안도 있습니다.

하지만 다음과 같은 색다른 무난한 방법도 있다는 것을 나는 새로 알게 되었습니다.

병이 거의 나았을 때, 나는 제자인 오자키 미치코尾崎道子에게 전화했습니다. 그랬더니 그는 없고, 집을 지키고 있던 다른 분이 전화를 받았습니다.

전화에다 대고 그녀는,

"선생님, 빨리 나으세요. 이 오자키가 말입니다, 선생님 때문에 커피까지 끊었답니다."

이 말에 나도 모르게 가슴이 뜨거워지는 걸 느꼈습니다.

왜냐하면 미치코는 커피 중독이 아닌가 싶을 정도로 하루 몇 잔이고 커피를 마시는 커피광입니다. 아파 누운 뒤로 아직껏 미치코와는 한 번도 만나지 않았습니다. 그런데도 그녀는 나를 위해 좋아하는 커피마저 끊었던 것입니다.

나는 지난날 단 한 번도 친구의 고통을 덜어주기 위해 뭔가를 끊을 만큼 함께 고통을 나눠 갖는 사랑을 해 본 일은 없습니다. 얼마나 값진 병문안입니까?

또 일본 전체는 물론이고 구미 각국까지 그 이름이 알려진 유우카요오리優佳良織6)의 키우치 아야木內綾 씨가 아사히카와에 살고 계시는데, 내가 이번의 병으로 실명할는지도 모른다는 소식을 들었을 때, 마침 도쿄에서 찾아온 많은 방문객과 내 병세에 관해 이야기하고 계셨다고 합니다.

소식을 듣자마자 키우치 씨는 체면 불고하고 여러 사람 앞에서 울음을 터뜨렸다고 합니다. 이 얼마나 깊은 사랑입니까?

그녀도 또한 '병문안하지 않는 것이 가장 값진 병문안'이라고 말하고, 내가 완쾌되었을 때 달려오겠다고 그러더랍니다.

또 어떤 사람은 아침에 일어나는 즉시 무엇보다도 먼저 나를 위해 기도하고 있다고 들었습니다. 병문안에는 물건을 들고 오는 것뿐만 아니라, 이러한 뜨거운 정성이나 기도도 있습니다.

당신의 친구도 이런 사람 중의 한 사람인지도 모르겠습니다. 직

---

6) 직물의 일종

접 병문안을 해 주신 분들 이상으로 기도를 해 주고 있는지도 모릅니다.

물론 자기의 생각을 상대방에게 전달하는 것도 중요합니다. 직접 위안의 말을 하는 것도 매우 중요합니다. 하지만 사람에게는 갖가지 자기 나름의 삶이 있기에, 생각이 깊으면 깊을수록 경솔히 행동하지 않는 사람도 있습니다.

이러한 자세는 비단 병들었을 때만 국한된 것은 아닙니다. 우리 나날의 생활 속에서 이와 비슷한 일이 있으리라고 나는 생각합니다. 어쩌면 당신 역시, 그러한 경험이 있을 겁니다.

처녀 시절 좋아하는 사람이 생겼을 때, 그 사람 앞에서 자유롭게 이야기할 수 없었다거나 동작이 굳어지거나 한 일이, 아주 좋아하는 상대방 앞에서 반대로 싫은 표정을 짓기도 하고, 마음에도 없는 말을 지껄이기도 하면서도, 실은 아침부터 밤까지 그 사람 생각만 한 경험이 당신에게는 없으십니까?

인사란 매우 중요한 자기표현이라고 생각합니다. 나는 부부간에도 아침 인사나 저녁 인사, 그리고 고맙다는 인사를 잊어서는 안 된다고 고집하는 편입니다.

사회생활에서 이런 인사는 더욱 중요합니다. 그런 데서 백중날이나 세모의 인사를 차리는 습관도 생긴 게 아닌가 싶습니다.

하지만 그것이 너무 형식화되어 그 본래의 뜻을 잃은 우리의 삶을 생각할 때, 눈에 띄는 것에만 구애받지 말고 각자가 나름대로 지닌 진실을 꿰뚫어 보고, 또 소중히 여겨야 하리라 생각됩니다.

당신의 소중한 친구가 당신과 마찬가지로, 언제까지나 진실한 분이기를 빌면서, 그럼, 몸조심하세요.

오시마大島에서 고독한 침묵을 걷어 올리며

　10월 20일부터 한 달 묵을 여정으로 이즈伊豆의 오시마大島에 와 있습니다.
　왜 이곳에 오게 되었느냐 하면, 올 8월 평소 존경하는, 오시마에 살고 계시는 아이사와 료오이치相澤良一 목사님이 아사히카와까지 오셔서 식이요법의 필요성을 말씀해 주셨기 때문입니다.
　아이사와 목사님은 우리 부부의 건강에 현미 식이 좋을 거라고 열심히 권해 주셨습니다.
　나 역시 봄에 큰 병을 앓고 난 이래 현미 식을 하고 있었습니다만, 철저히 하지는 않았기에 추운 계절로 접어드는 10월경에 따뜻한 오시마에서 철저히 식이요법을 해 보려고 마음먹은 겁니다.
　그런데 막상 이곳에 와서 보고 기상 변화가 심한 데에 놀랐습니다. 며칠 만엔가 한증막에라도 들어간 듯 뜨뜻한 큰바람이 불었습니다.

그러더니 그다음 날은 전날과는 아주 다른 찬바람으로 변했습니다. 게다가 풍속이 30m나 되어 산도 바다도 울부짖는 것 같은 무서운 날씨였습니다.

내가 살고 있는 아사히카와는 바람이 아주 적은 고장입니다. 태풍이 몰아친 것은 1954년의 도오야마루洞爺丸가 전복되었을 때 정도입니다.

나도 남편도 괜히 이런 곳에 왔구나 하고 약간 두렵게 생각했습니다. 그리고 느꼈던 것입니다.

섬이란 가 없는 한바다에 떠 있는 거대한 배와 같은 것이라고요. 자연의 위협에 끊임없이 직면하고 있는 것이 섬이 아닌가 싶었습니다. 하얀 이빨을 드러낸 듯한 거친 파도는 보기에도 소름이 끼쳤습니다.

'이것이 따뜻한 고장의 모습이란 말인가?'

나는 배신당한 듯한 느낌이었습니다.

바람은 사흘쯤 미쳐 날뛰다가 다행히 따스하고 조용한 날씨로 돌아왔습니다. 그제야 우리 부부는 그 폭풍우가 일본 전체를 휘몰아치고 있었다는 걸 알았습니다.

유독 홋카이도 근해에서 조난 사고가 속출했다는 것을 알았습니다.

남편은 말했습니다.

"인간은 오로지 자기중심으로만 생각하는 존재란 말이야."

나도 정말 그렇다고 생각했습니다.

일본 전체가 폭풍우에 휘말리고 있는데, 이곳 오시마에만 폭풍우가 일고 있는 것으로 착각한 것입니다. 자기가 속해 있는 자리만 큰일났다고 생각하는 그런 사고방식, 이것은 비단 이번의 폭풍우 때만의 문제는 아니라고 생각합니다.

많은 사람이 똑같은 고통을 맛보고 있을 때도, 자기만 고통을 겪고 있는 것처럼 단정해 버립니다. 그러한 자기중심적인 편협된 삶을, 우리는 얼마나 많이 되풀이하고 있을까요?

그러한 일을 다시 한번 이번 폭풍우 때문에 깨닫게 되었습니다. 오시마에 온 지 오늘로 18일째입니다.

목사님 부인이 지어 주신 현미 식을 먹고 동백꽃 피는 가로수 밑을 날마다 2킬로미터가량 산책하고, 아름다운 저녁노을을 보기도 하고 있어 그런지, 그 덕분에 얼굴색도 밝아졌습니다.

아름다운 저녁노을이라는 말이 나왔으니 말인데, 오시마는 경치가 매우 아름다운 곳입니다.

내가 묵고 있는 모토마치元町의 항구는 왼쪽으로 이즈의 여러 섬 도시마利島, 니이지마新島, 고오즈지마神津島가 겹쳐 있는 듯 보입니다.

정면에는 이즈반도가 길게 옆으로 가로질러 있고, 그 오른쪽에는 수려한 후지산富士山이 기품 있는 모습을 드러내 보여 줍니다. 아타미熱海나 이토伊東의 등불이 보이는 야경 또한 환상적입니다.

하지만 그 아름다운 경치보다도 더 내 마음을 감동하게 하는 것이 있었습니다. 그것은 아이사와 선생 내외분의 삶을 대하는 신앙과 같은 자세입니다.

아침 5시 반에 일어나 빨라야 밤 11시에 잠자리에 드신다고 합니다. 그것만으로도 늦잠꾸러기인 내게는 놀라운 일이었습니다.

게다가 아침에 일어나서 저녁에 잘 때까지 거의 쉴 틈도 없는 바쁜 나날을 보냅니다.

일요일 아침저녁 예배, 수요기도회 외에 선생께서는 일본 각처에 초빙되어 설교와 강연에 나가셔야 합니다. 그 준비가 얼마나 힘이 드는지는, 여러 사람 앞에서 뭔가 이야기를 해 본 경험이 있는 분이면 상상할 수 있을 겁니다.

하나님이 주신 임무라고는 하지만, 성경 공부는 많은 참고서와 신학 서적을 읽어야 합니다.

그렇게 한창 바쁜 중에 방문객은 줄을 이어 목사관을 찾아옵니다. 이곳 오시마는 관광지이므로 여행자도 많습니다. 그 관광객들이 느닷없이 교회에 몰려와서, 때로는 동정을 빌미로 사기를 치기도 하고, 교회를 여관 대신으로 삼아 묵고 가는 사람도 있습니다.

아이사와 목사님은 또 「쿠로시오 黑潮」라는 기독교 잡지를 매월 편집 발행하여, 전국 각지로 발송합니다. 이 원고는 거의 목사님이 직접 쓰십니다.

그 발행 부수는 자그마치 2만 3천 부나 되는데, 그 분류나 수신자명의 인쇄, 접기, 발송 태반을 목사님 내외분이 다 하십니다. 물론 교회 신자들도 돕기는 하지만, 아무튼 힘이 드는 작업으로 나 같은 사람이 하면 한 달쯤은 걸릴 것 같은 작업을 며칠 사이에 마칩니다.

그리고 그중 800부 정도는 그 고장의 가가호호에 찾아다니면서 나눠줍니다.

부인은 부인대로 갑자기 나타나는 손님 접대로 시간을 빼앗깁니다. 그 난리 통에 우리 부부까지 맞아 주셔서 식사 수발까지 해 주시는 것이니, 이루 말할 수 없이 바쁘십니다.

  만약 우리가 반은 환자인 손님의 식사 수발을 한 달이나 해야 한다면, 생각만 해도 지긋지긋하지 않을까요?

  그런데 부인은 이러한 생활 속에서 매일 끼니때마다 진실과 사랑을 담은 식사를 준비해 주십니다. 오늘까지 18일째 폐를 끼쳤지만, 끼니마다 새로운 메뉴입니다.

  벌꿀로 단맛을 들인 쿠키, 찐만두, 파이, 도넛, 단팥죽 등 디저트에 이르기까지 전부 손수 만드십니다. 게다가 몇 종류나 되는 요리를 언제나 어김없이 식사 시간까지 식탁에 준비하십니다.

  조금도 쉴 틈이 없는 그 바쁘신 중에도, 놀랍게도 내외분은 단 한 번도 '바쁘다'라는 말을 입 밖에 내지 않으십니다. 산더미 같은 「쿠로시오」지를 접으면서도, 여러 종류의 요리를 만들면서도 '바쁘다'라는 말이 어째서 입에서 나오지 않는 것일까요?

  나 같은 사람은 평상시 불시에 오시는 손님을 맞이하기란 거의 불가능합니다. 이유는 늘 바쁘기 때문입니다.

  아침부터 저녁까지 나는 '바쁘다, 바빠.' 하면서 살아왔습니다. 줄 이은 원고를 쓰면서 어찌 사람을 만날 수 있단 말이냐 하는 생각을 품고 살아왔습니다.

  그런데 아이사와 목사님 내외분은 '바쁘다'라는 말은 절대로 입 밖에 내지 않고, 아무리 바빠도 불시에 들이닥친 사람을 웃는 낯으로 맞아들입니다.

  이 점에서 나는, 나의 가난한 마음과 아이사와 목사 내외분의 풍부한 마음의 차이를 뚜렷이 깨닫게 되었습니다.

  되새겨 생각해 보면, '바쁘다'라는 말은, 어리석고 못난 사람의 불평입니다.

'망忙'이라는 글자는 심방변忄에 망할 망亡입니다. 다시 말해서 마음을 지워버리라는 뜻이라고 하는데, '바쁘다, 바빠'하고 우리가 입 밖에 낼 때는 확실히 바빠서 마음을 상실한 경우인지도 모릅니다.

나는 오시마에 와서 나보다도 더 바쁜 분이 바쁘다는 말을 입 밖에 내지도 않고 살아가는 모습을 보고, 이것은 그야말로 하나님이 보여 주신 뜻이라는 생각을 금치 못했습니다.

또 사랑愛이라는 글자는 '마음心을 받아들인다受'라는 글자라고 들은 일이 있습니다. 목사관을 찾아오는 사람들은 많건 적건 걱정거리나 슬픔, 외로움, 기타 뭔가의 문제를 안고 있는 사람들이라고 생각됩니다.

그 사람들의 마음을 받아들이는, 바로 그것이 사랑愛 아니겠습니까? 그런데 나는 사람들의 마음을 받아들이기 이전에 내가 바쁘다는 핑계를 앞세우고 삶을 변명하고 있습니다.

확실히 시간을 빼앗겼으니, 나의 수면 시간이 줄어들 것을 두려워하거나, 작업이 늦어지는 것을 맨 먼저 생각하곤 하는 것입니다.

이런 내용의 말을 했더니, 어떤 젊은 주부가 얼굴을 붉히면서 말했습니다.

"어머, 저는 단 하나밖에 없는 제 자식에게마저도 '엄마는 지금 바빠. 나중에 보자고' 하고 매몰차게 말할 때가 있어요."

며칠 후면, 나는 이 섬을 떠납니다. 바쁘다는 말을 결코 입 밖에 내지 않는 아이시와 목사님 내외분의 모습을 선물로 가지고 돌아가렵니다.

하지만 나는 자신이 없습니다. 나도 '바쁘다'라는 말을 절대 사용하지 않는 인생을 보내보자 하고 바라지만, 얼마 안 가서 '바쁘다, 바빠' 하고 뇌까릴 것만 같은 생각이 자꾸 듭니다.

'바쁘다'라고 말하지 않기 위해서는 적당히 넘기지 않는 진정한 사랑이 없으면 안 되리라는 생각이 듭니다.

여름처럼 더운 11월 7일 낮 오시마에서, 나를 정리하며.

소중한 사람이 떠난다는 것은
나를 잃어버리는 시간이다

나는 11월 말, 오시마에서 아사히카와로 돌아왔습니다.

그리고 12월 5일 올겨울의 첫눈을 보았습니다. 순백의 눈을 보고서야 아사히카와로 돌아왔다는 것을 실감했습니다.

지난번 편지에 요양을 위해 이즈의 오시마에 식이요법을 하러 갔었다는 이야기를 썼습니다.

오시마에는 10월 20일부터 11월 14일까지 26일간 머물러 있었습니다. 그곳에서, 교회의 아이사와 목사님 내외와 따님인 요오코羊子 양, 그리고 동거하고 있는 유치원 보모 요코야마橫山 타다코稱子 씨까지 많은 친절을 베풀어 주었습니다.

그 밖에 손수 만든 음식을 갖다주신 분, 꽃을 갖다주신 분, 설탕이 안 든 과자를 정성껏 구워 주신 분, 손수 실로 짠 블라우스를 선물로 주신 분 등, 한 달도 안 되는 짧은 기간인데도 많은 분의 신세를 지고 돌아왔습니다.

오시마의 항구를 떠날 때 교회 분들은 오색 테이프를 각자 손에 쥐고 바람이 약간 센데도 '다시 만남'이라는 찬송가를 부르면서 선상의 우리 부부를 전송해 주셨습니다.

그때, 요오코 씨는 눈이 빨갛도록 울고 있었습니다. 조용히 가슴을 파고드는 따스한 이별이었습니다.

이렇게 해서, 나는 동백꽃이 하루하루 붙어나는 이즈의 오시마에 이별을 고하고 4시간의 뱃길을 달려 도쿄에 닿았습니다. 배에서는 아이사와 선생의 아드님이신 아키라明 씨가 동행해 짐을 챙겨 주셨습니다.

지금 아키라 씨는 신진新進 카메라맨으로 도쿄에 계시는 분입니다. 「주간 아사히週間朝日」 12월 5일 호에 야마구치 모모에山口百惠와 미우라 도모와三浦友和 부처의 사진이 실려 있었는데, 아키라 씨가 촬영한 영상입니다.

도쿄에서는 많은 사람들과 만나야 할 용무가 있었습니다. 눈 깜짝할 사이에 날이 가고 7일째인 11월 20일, 나는 「주간 아사히」 편집부의 초대로 화가 마쯔다松田 선생과 식사를 함께하기로 이미 약속되어 있었습니다.

「주간 아사히」 지誌에 2년 가까이 소설 「해령海嶺」을 연재하고 있었는데, 그것을 끝맺는 모임이었습니다.

그런데 갑자기 삿포로에 사는 도시오都志夫 오빠가 위독하다는 전화 연락이 왔습니다. 오늘 밤이 고비라고 했습니다. 병명은 알지 못했습니다. 암인데도 손을 늦게 썼는지 모른다는 것이고, 장폐색증을 일으키고 있다는 소식이었습니다.

아무튼 심한 통증을 일으키고 있다는 것이었습니다. 내 다리에서 피가 소리를 내면서 흘러 나가는 듯한 느낌이었습니다.

이미 양친을 잃은 나에게 홋타堀田[7] 도시오都志夫 오빠는 우리 형제에게는 대들보와 같은 존재였습니다.

나는 22일에 도쿄에서 출발할 예정으로 아사히카와행 항공표를 예매해 두었습니다. 21일에는 아사히신문사朝日新聞社의 신사옥新社屋 피로연에 참석할 예정도 있고 해서, 22일을 도쿄에서 출발하는 날로 정했던 것입니다.

하지만 오빠가 위독하다는 소식에 당장 날아가지 않으면 안 되었습니다. 그때 시계는 5시 15분 전을 가리키고 있었습니다. 그날 파티는 저녁 6시부터였습니다. 물 샐 틈 없이 준비한 분들의 노고를 생각할 때, 나는 망설이지 않을 수 없었습니다.

오늘 밤 비행기에 좌석이 없으면, 다음 날 아침에 떠날까 생각하고 있었습니다. 그렇게 생각하고 있을 때 「해령」이라는 소설을 담당한 나카노 하래부미中野晴文 기자에게서 전화가 왔습니다. '5시 반에 호텔로 모시러 가겠습니다' 하는 전화였습니다.

내가 오빠에 관한 이야기를 하니, 나카노 씨는 깜짝 놀라면서,

"그럼, 당장 돌아가시지요. 탑승권은 제가 곧 수배하겠습니다. 하네다羽田 공항까지 차로 모셔다드리죠. 곧 돌아가실 채비를 해 주십시오. 네? 오늘 밤 모임이요? 그런 모임은 언제라도 가질 수 있습니다. 마츠다 선생께는 제가 대신 양해를 부탁드리겠습니다. 선생은 그런 일로 기분 상하거나 언짢아하실 분은 아닙니다."

---

[7] 홋타는 필자의 출가 전의 성(性). 일본에서는 출가하면 남편의 성을 따른다.

반은 나무라는 투로 나카노 씨는 나를 격려해 주었습니다.

이렇게 해서 나는 그날 밤 9시에 삿포로에 도착했습니다. 오빠는 고통스럽게 호흡하고 있었지만, 아직 살아있었습니다.

다음날 수술 중에 죽을는지도 모른다는 생사의 개복수술을 하게 되었고, 그 결과 오빠의 병이 판명되었습니다. 동맥 꽈리의 파열이었습니다.

약간 꼬여 있던 장을 바로잡고 고여 있던 피를 닦아낸 다음 수술 부위를 덮었다고 했습니다. 오빠는 기적적으로 그로부터 6일을 더 살았습니다.

날이 갈수록 얼굴에 윤기가 나고 해서, 이런 상태라면 혹시 다시 살아날 수 있지 않을까 하는 희망도 가졌습니다. 등이 아프다기에 등 밑에다 손을 넣었더니 오빠는 내 머리를 쓰다듬으면서,

"난 80킬로나 되니 손이 아플 거다."

하고 나를 달래 주었습니다.

오빠는 그런 사람이었습니다. 오빠가 큰 소리로 야단치고 화내는 걸 본 적은 거의 없었습니다. 딱 한 번 언니와 내가 늦게 돌아온 날 밤 걱정이 된 나머지 나무란 일이 있었는데, 그것도 소리를 지른 것은 아닙니다.

오빠는 스포츠맨으로 유도는 6단이었는데, 해방 전 홋카이도 대표로 전국 대회에 여러 번 출전하기도 했었습니다. 그런 오빠였으므로,

"도시오 오빠가 있으니, 도둑이 들어도 걱정 없어."

라고 말하는 우리에게,

"아니야, 도둑이 들면 난 맨 먼저 도망칠 거야. 삼십육계 줄행랑

이 제일이야."

하고 부드럽게 웃고, 힘세다고 뻐기는 구석은 조금도 없었습니다.

아무튼 남을 탓하는 일이 없는 오빠를 형제들은 모두 잘 따랐습니다.

오빠는 국철國鐵에서 정년퇴임 후, 10년간 근무하던 회사에도 충실하며, 고통스러운 병상에 있으면서도,

"옷을 줘. 회사에 가야겠어."

하고 말하면서 일어나려고 했습니다.

너무 자주 그러기에 회사 사람을 오라고 해서 회사 일은 걱정하지 말라고 했더니, 오빠는 그제야 비로소 안심한 듯 방긋 웃었다고 합니다. 그 직후 숨이 끊어졌습니다.

오빠가 세상을 떠난 지 오늘로 열흘이 됩니다. 우리는 10남매였습니다. 그중 이번에 세상을 떠난 오빠까지 오빠 둘, 남동생 하나, 여동생 하나가 세상을 떠난 셈입니다.

나는 이번에 한꺼번에 세 형제를 잃은 것 같이 서운함을 느꼈습니다. 무엇보다도 그렇게 건강했던 오빠가 갑자기 돌아가시자, 사람은 언제 죽을지 모른다는 걸 다시 한번 절감했습니다.

서로 언제 죽을지 모른다, 언제 죽음이 올지 모른다고 형제끼리 이야기하는 동안, 나는 문득 생각했습니다.

'인간은 언제 죽느냐보다도, 어떻게 사느냐 하는 것이 더 중요하지 않을까?'

이즈의 오시마에 묵을 때, 아이사와 선생께서 하신 말씀을 머리에 떠올렸습니다.

"인생의 큰 변이란 그리 많지 않습니다."

이것은 굉장한 말이라고 생각하면서, 나는 고개를 끄덕이며 눈을 휘둥그렇게 떴습니다. 지진이 거의 없는, 바람이 온화한 아사히카와에서 자란 나는,

"오시마는 지진이 심하고, 풍속 30미터의 거센 바람이 불고, 아, 이건 큰일인데."
하는 생각이 있었습니다.

아니, 기상이나 천재지변에 국한된 게 아닙니다. 나는 세상만사에 '아아, 이건 큰일인데' 하는 생각을 갖고 있었습니다. 그래서 나는 선생한테 물었습니다.

"선생께는 자기의 죽음은 그다지 큰 변은 아니시군요. 선생께 큰 변은 신앙을 잃거나 잘못 가지시는 때이겠네요?"

선생은 그렇다고 대답하셨습니다. 신앙만 가지고 있으면 죽음은 이 방에서 저 방으로 옮겨가는 것에 지나지 않는다고도 말씀하셨습니다. 아이사와 선생에게 큰 변은 삶의 형태가 바뀌는 일이었던 것입니다.

확실히 죽음은 인생에서 그다지 큰 변은 아니지만, 생각해 보면 아이사와 선생의 말씀 그대로인지도 모르겠습니다.

수백억 수천억의 돈을 쌓아두어도 죽은 사람은 되돌아오지 않습니다. 다시 말해서 우리는 돈으로는 살 수 없는 귀중한 생명을 받아 나날을 살아가고 있습니다.

하지만 막연히 아무 하는 일도 없이 제멋대로 산다면, 그 수천억 원의 돈으로도 살 수 없는 귀중한 생명을 날마다 헛되이 버리는 셈이 됩니다.

말하자면 살아 있으면서도 죽은 것이나 다름없는 것입니다. 나는 그런 생각이 들어, 어떻게 사느냐가 얼마나 중요한가를 새삼 돌이켜 생각해 보았습니다.

앞뒤가 없는 삶을 살면서

별일 없으신가요?

덕분에 나 역시도 차츰 원기를 회복해 가고 있습니다. 작업량도 더욱 늘어, 바쁜 나날을 보내고 있습니다. 바쁘다 보면, 나는 남편에게 이런 농담을 하곤 합니다.

"여보, 아야코가 세 사람쯤 있으면 어떨까요. 한 사람은 글을 쓰는 전문인 아야코, 또 한 사람은 좋아하는 책을 차분히 읽을 수 있는 아야코, 그리고 또 한 사람은 여행이나 강연, 기타 친구들의 병문안을 갈 수 있는 아야코 말이에요."

내 말에 남편은 웃고는 귓등으로 흘려 버립니다.

그런데 1월 4일 밤이었습니다. 약간 열이 있어 누워 있던 내게 전화가 걸려 왔습니다. 아사히 신문 기자로부터였는데,

"포유류의 클로닝cloning[8])이 처음으로 성공을 보았는데, 그에

대한 의견을 좀…."
하는 전화였습니다.

  클로닝이라는 말은 생소한 낱말이었는데, 이것은 식물이나 동물에서 하나의 세포핵을 꺼내 원래의 형태와 같은 생물을 만들어 내는 것이라고 합니다.

  다시 말해서 식물이나 동물의 복제를 하는 것이라고 합니다. 포유류인 새앙쥐 복제에 성공했다는 뉴스는 나에게 적잖은 충격을 주었습니다.

  물론 지금 단계에서 당장 인간을 복제하는 문제까지 비약하여 생각하는 것은 온당치 않을지도 모릅니다. 하지만 신문 해설에도,
  '클로닝의 기술이 인간에게까지 진전하면 윤리 문제로 파급될 것은 분명하다.'
고 쓰여 있었습니다.

  이 문제에 관해서 당신도 읽으셨으리라고 보는데, 어떻게 생각하십니까?

  건강한 육체노동자를 필요로 하는 경우, 근골이 강건한 한 사람의 노동자로부터, 그와 똑같은 노동자를 백 명이고 천 명이고 만들어 낼 수 있다는 것입니다.

  강한 병사를 만들고 싶으면, 이 또한 힘센 한 사람으로부터 차례로 똑같은 병사를 만들어 낼 수 있습니다.

  우선 과학자를 만들고자 할 때도 이와 마찬가지로 수백 명의 유

---

8) 유전 공학의 기초가 되는 기술로, 특정 DNA 조각을 분리하여 벡터 vector라고 불리는 플라스미드, 혹은 바이러스 같은 작고 간단한 유전 요소로 옮긴 후 이를 살아있는 생명체에 다시 도입하여 특정 유전자를 순수한 형태로 분리하거나 다양하게 이용하는 기술

카와 히데키湯川秀樹9) 박사를 만들어 낼 수 있을 것입니다.

　이러한 인간을 만들어 낼 경우, 모르긴 하지만, 온갖 사람들이 모여서 위원회를 만들고, 그 위원회가 결정한 인물을 토대로 해서 무수한 복제 인간이 생겨나는 결과가 도출될 것으로 보입니다.

　이럴 경우라면, 권력자 측에 마땅치 않은 인간이 만들어질 리는 절대 없을 겁니다.

　그렇게 되면 이 복제 인간들은 절대다수의 힘으로 이 세상을 지배하게 될지도 모릅니다.

　나는 지금, 그 가정假定의 결과를 이야기합니다만, 결코 먼 장래의 이야기를 하는 것은 아니라고 봅니다.

　포유류인 생쥐의 복제가 생겨났다는 것은 같은 포유류인 인간에게 응용되는 것도 가까운 장래에는 가능하다는 것을 뜻한다고 봅니다.

　현대 과학의 발달 속도를 보면, 순식간에 쥐의 세계에서 인간의 세계로 그 초점이 옮겨올 것은 틀림없습니다.

　만약 이 세상에 똑같은 얼굴, 똑같은 몸집, 똑같은 목소리, 똑같은 사고방식, 똑같은 성격의 집단이 만들어진다면, 생각만 해도 소름 끼치지 않습니까?

　게다가 권력자의 뜻대로 휘두를 수 있는 인간이 만들어진다면, 개인의 존엄성은 완전히 침범당하고, 우리의 자유의사는 모조리 짓밟히게 되지 않을까요?

　나는 이 뉴스를 듣고, 도대체 과학이란 무엇일까 생각했습니다.

---

9) 일본의 물리학자. 중간자(中間子)의 이론적 해명으로 1949년에 일본 최초 노벨 물리학상 수상 1907~1981

인간의 문화 문명의 발달이란, 대체 어떤 것을 말하는 것일까 하고 생각했습니다.

식물이건 동물이건 품종을 개량하는 일은 좋은 일인지도 모르겠습니다. 정말로 좋은 일뿐일까요?

나는 이 발명의 그늘에 |이러한 연구를 해온 과학자가 곧 그렇다고는 물론 생각하지 않지만| 도움이 안 되는 것은 쓸모없는 것, 값어치 없는 것으로 단정하는 냉혹한 정신을 느끼지 않을 수 없습니다. 차별감을 느낍니다.

머리 좋은 사람, 건강한 사람, 체격이 좋은 사람, 능력 있는 사람은 좋은 쪽에 놓고, 머리 나쁜 사람, 몸이 약한 사람, 체격이 뒤떨어진 사람은 나쁜 쪽에 놓고 구별하는 차별 말입니다.

내 생각이 너무 비약했는지도 모르겠습니다. 하지만 누가 뭐래도 장래에 반드시 오고야 말 복제 인간의 시대를 생각하면, 나 역시 당신과 이 문제를 두고 논의하고 싶습니다.

전에도 말씀드린 것으로 압니다만, 나는 23세 때부터 13년간 폐결핵과 척추 카리에스로 그 시간의 태반을 깁스 침대에 누워서 지낸 경험이 있습니다. 매일 하루 같이 남의 도움만 받아야 하는, 무엇 하나 쓸모가 없는 불량한 인간이었습니다.

내가 이렇게까지 돈을 들여가며 남에게 폐를 끼치면서 살아도 되는가 몇 번이나 생각했는지 모릅니다. 하지만 어느 기독교 신자인 선배가,

"하나님은 그 사람의 사명이 남아있는 한 이 세상에 남아있게 하신다."

이렇게 나를 격려해 주었습니다.

나는 이 말에 얼마나 큰 위안을 받았는지 모릅니다. 누워만 있는 사람들에게도 하나님이 사명을 내려 주신다는 것을 알았을 때의 기쁨과 반가움을, 나는 지금도 잊을 수가 없습니다.

이 세상에는 이른바 쓸모없는 사람만 살고 있는 것은 아닙니다. 중환자, 1급 신체장애, 심한 정신박약, 그리고 몸도 가누지 못하는 노인들도 함께 어울려 살고 있습니다.

하지만 하나님은 이런 사람들의 목숨과 건강해서 활기차게 일하는 사람들의 목숨과 아무런 차별도 두지 않습니다.

어느 목숨도 어머니 앞에서는 동등하고 존귀한 인간으로서 동일시되고 있습니다. 절대 차별하지 않습니다.

그런데도 우리 인간의 마음속에는 뿌리 깊은 차별 의식이 있어, 그로 인해 잘못된 가치관을 품고 있는 게 아닐까요?

'쓸모없는 사람은 무용지물'이라고 말이에요.

오히려 집안에 환자가 있음으로써 식구들은 인내할 줄 알게 되고, 인간으로서의 따뜻한 마음씨를 배울 수도 있는 것입니다.

나는 인간으로서 가장 소중한 따뜻한 마음씨를 북돋아 주는 것은, 얼핏 보아 아무런 쓸모가 없어 보이는 약한 사람이 아닌가 생각합니다.

나는 나의 소설「시오카리 고개塩狩峠」에서 다리가 부자연스러운 후지코에 관한 이야기를 쓰고 있습니다. 그녀의 오빠가 이렇게 이야기하는 대목이 있습니다.

"난 지금까지 후지코 네가 다리가 부자연스러운 불쌍한 아이라는 생각만 하고 있었어. 하지만 우리는 병으로 고생하고 있는 사람을 보면, '아아, 가엾어라. 어떻게 고통을 덜어줄 방법은 없을까?' 하고 동정할 거야. 만약 이 세상에 아픈 사람이나 몸이 부자연스러운 사람이 없다면, 인간은 동정심이나 따뜻한 마음씨를 끝내 지니지 못하지 않을까?"

'하나님의 우둔은 인간의 지혜보다도 낫다'

라고 성경에 쓰여 있습니다.
 하나님이 이 세상에 건강한 사람과 머리 좋은 사람만 만들어 두시지 않았다는 것, 이것은 인간으로서는 헤아릴 수조차 없는 높고 깊은 예지에서 나왔으리라고 여겨집니다.
 만약 우리 인간이 이 세상을 만들었다면, 모르긴 하지만, 건강한 사람과 머리 좋은 사람만 만들었을 것이고, 그 결과 무뚝뚝하고 온정이 없고 상냥한 데가 없는, 훨씬 더 살벌한 세상을 만들었을지도 모릅니다. 복제 인간의 발상에도 나는 이러한 어리석음을 느낍니다.
 따뜻한 마음씨가 없는 과학은 원자폭탄을 낳았습니다. 원자력을 평화산업에 이용하면서도 그 오염에 몸부림치고, 그 폐기물 처리에 골치를 앓고 있습니다.
 '쓸모 있는 것을 구하는' 것은 좋다고 치더라도, 그런 결과로, 인간은 이욕에만 눈이 어두워, 인간이 지녀야 할 가장 중요한 사랑을 잊고 있는 현실입니다.
 아담과 하와는 하나님이 절대 먹지 말라고 한 지혜의 열매를 먹고 죽음을 자초했습니다. 그런데도 인간은 원죄를 잊어버리고 대대로 계속 금단의 열매를 먹고 있습니다.

인간이 생명을 복제한다는 것은 인간 스스로가 악을 대표할 수 있는 가장 극단적인 존재라고 할 수 있을 것입니다.

'태초에 하나님이 천지를 창조하시니라'

이 말은 성경 맨 첫머리에 쓰여 있는 말인데, 나는 이 말에 인간이 범접해서는 안 된다고 늘 생각하곤 합니다.
또한 우리 인간은 더더욱 창조의 질서 앞에 두려워할 줄 알고 겸손해야 한다고 생각합니다. 인간의 과학은 결코 만능이 아닙니다. 그럼, 안녕히.

중량보다 감량이 더 무거운 삶

어제, 입춘 날 편지를 받았어요.
아직 23살밖에 안 되는 분이 아이를 낳은 지 채 1년도 안 되었는데, 아이 기르는 일에 지쳤다는 내용의 편지를 읽고, 나는 산다는 게 얼마나 힘이 드는 일인가 새삼 느껴봅니다.
실은 요즘, 당신처럼 '지쳤다'라는 편지가 젊은 분들한테서 자주 오고 있어요.
육아에 지쳤다, 아무런 의욕도 없다, 인간관계에 지쳤다, 일에 지쳤다 등, 아무튼 지쳤다는 소리가 젊은이들한테서 의외로 많이 들려오고 있어요.
젊은이들마저 이런 형편이니, 중년이나 노년층 사람들은 더더욱 제각기 심한 피로를 느끼면서 살아가고 있을지도 모르겠네요.
도대체 어째서 지치는 걸까요?

나는 당신의 편지를 읽고 새삼 생각에 잠겼어요. 그러다가 문득, 시부야 테츠오澁谷鉄夫 씨에 관한 일을 머리에 떠올렸어요.

시부야 테츠오 씨는 이번 2월 15일에 무려 만 98세가 되는 분이에요. 옛날 나이로 하면 99세가 되는 셈이지요. 100세가 눈앞에 있는 분이에요. 23살인 당신 나이의 네 배보다 더 오래 살아오신 분이시지요.

98세라면, 당신은 어떤 노인을 연상하실까요? 아침부터 늦은 밤까지 등을 구부리고 불이나 쬐고 있는 무기력한 모습은 아닐는지? 하는 일도 없이 마루에 쭈그리고 앉아 볕이나 쬐고 있는 모습은 아닐는지? 자기 자식의 이름도 잊어버리고, 옛날이야기만 몇 번이고 되풀이하는 모습을 연상하는 게 아닐는지?

물론 나이가 98세나 되면, 대개는 몸이 쇠약해져서 자리에 쭉 누워 있어도 별반 이상할 건 없겠지요. 98세까지 살아온 것만 해도 찬양할 만한 일이라고, 나는 생각해요.

흔히 나이만 먹고 아무런 쓸모도 없는 것이 노인이라고 단정하는 젊은이도 있지만, 90 수년의 인생을 상상해 보세요. 삶을 단념하고 싶은 그런 고통을 얼마나 겪어 왔을지 모르잖아요?

쉴 새 없이 몰아치는 크고 작은 삶의 파도를 견디어 왔다는 것만도 굉장한 일이 아닐 수 없어요. 20대에 벌써 지쳐 있는 당신에게는, 그분의 삶이 얼마나 장한 일인지 납득이 가리라고 봅니다.

그런데 그 시부야 씨는 보통의 노인과는 달라요. 무엇이 다른지, 자세히 말씀드려 볼게요.

이분은 나하고 같은 교회의 교인이세요. 20세 전후에 세례를 받고 교인이 된 이후, 그 햇수만도 실로 80년 가까이 흘렀지요.

일본이 패전하는 날까지 사할린에서 목재 회사에 근무하고 계셨어요. 그동안 처자는 홋카이도에 두고 단신으로 부임해 계셨으니, 그것만으로도 몹시 고생이 되셨을 거예요.

아무튼 시부야 씨는 크리스천으로, 지금도 일요일마다 거의 예배에 참석하고 있어요. 나 같은 사람은 흔히 늦잠을 자다가 예배에 지각하는 일이 있지만, 시부야 씨가 지각하는 걸 본 일은 없어요. 언제나 앞에서 둘째 줄의 같은 자리에 일찌감치 앉아 계세요.

시부야 씨의 집은 내 소설 「빙점」의 무대가 된 외국수종견본림外國樹種見本林 부근에 있어요. 그곳에서 교회까지 버스로 다니세요.

버스 정류장까지의 거리는 대략 왕복 1.2km가량 되는데, 그 길을 시부야 씨는 영하 20도의 추운 날이나 한여름 뙤약볕 아래에서도 지팡이를 짚고 걷는 거예요.

교회 예배는 결코 재미있는 건 아니랍니다. 성경을 읽고 기도하고 찬송가를 부르고 꽤 어려운 설교도 들어야 하지요. 듣는 사람에게도 학교 수업을 듣는 정도의 노력은 필요한 거예요. 그 이야기를 시부야 씨는 일요일마다 열심히 귀를 기울이고 계셔요.

시부야 씨는 배우는 분이세요. 몇 해 전이던가, 시부야 씨가 이렇게 말씀하시는 걸 들은 일이 있어요.

"나는 지금 한시漢詩를 배우고 있습니다. 무라카미 히사요시村上久吉 선생한테 배우러 다닙니다."

무라카미 선생은 아사히카와에 살고 계시는 유명한 한문과 국어 선생이시지요. 선생님 댁은 교회에서 몇 킬로 떨어진 곳에 있어요.

60부터 배운다는 말이 있지만, 90부터 배우는 셈이지요. 나는 그 향상심과 적극성에 남편과 함께 감동하고 놀라워하며 이야기를 나누곤 했어요.

또 아사히카와에는 백수대학百壽大學이라는 노인을 위한 강좌가 있어요. 시부야 씨는 이 강좌가 시작된 해부터 입학하셨는데, 졸업하면 또 입학하고, 몇 번이고 그걸 되풀이하셨어요. 그 장소 또한 시부야 씨 댁에서 꽤 먼 거리에 있는데도 말입니다.

지금은 이 강좌의 명예 회원이 되어, 지난날처럼 매일 나가지는 않는 모양이지만, 뭔가 행사가 있을 때는 반드시 참석하신다고 들었습니다.

그밖에 지역 사회의 노인 그룹은 물론이고, 다른 지역의 노인 그룹에도 나가셔서 자작 한시를 색종이나 반지半紙에 써서 회원 노인들을 격려하고 계신다는군요.

이런 시부야 씨이므로 복지 문제에 대해서도 적극적이어서 특별 양호 양로원에 위문 가신 적도 한두 번이 아니에요.

작년 말 지방신문에 시부야 씨에 관한 기사가 실려 있었어요. 그건 맹인들을 위해 연하장을 대필해 주는 시부야 씨의 사진이 들어있는 기사였어요.

'하얀 지팡이회'라는 맹인들을 돕는 모임을 만든 분이 우리 교회에 있는데, 아사카와淺川 씨 내외분이세요. 평소 시부야 씨는 아사카와 씨를 보고,

"뭘 좀 도와드리고 싶은데요. 글씨 쓰는 일이라면, 나도 할 수 있으니까요."

하고 말씀하곤 하셨다는군요.

그래서 아사카와 씨는 맹인들의 연하장 대필을 부탁드렸던바,

노인답지 않게 빠른 속도로, 더구나 수신자 이름 자 하나 틀리지 않고 정확히 쓰셨다고 아사카와 씨도 놀라고 계셨어요.

100장이나 되는 연하장의 수신자 이름을 몇 시간 내에 쓰셨다는 거예요.

100장이라면 젊은 사람들도 질리는 매수 아니겠어요? 우리 부부는 이러한 일을 신문과 아사카와 씨의 이야기로 자세히 알고는 다시 한번 크게 감동했지요.

시부야 씨가 장수하시는 건 물론 그분의 체질 영향도 있겠지만, 제아무리 태어날 때부터 건강하다 해도, 누구나 다 이런 삶을 누린다고는 할 수 없을 거예요.

시부야 씨는 남을 위해 뭔가 봉사할 일은 없을까, 좀 더 배울 것은 없을까 하고 적극적으로 살아가시는 분이에요. 억지로 그날 하루를 맞이하고 타성적으로 살아가시는 분이 아니지요.

다시 말해서 하루하루가 새로운 거지요. 삶에 지치거나 권태를 느끼거나 하지 않는다는 거예요. 그러한 힘이 어디서 오는지, 이미 납득이 가셨겠지요?

생각해 보면, 우리가 삶에 대한 의욕을 잃는 건 자기만 이득을 보고 싶다, 자기 혼자만 편히 지내고 싶다, 남을 위해서는 고생하고 싶지 않다, 공짜로 일하는 건 싫다, 이러한 여러 가지 자기중심적인 생각에 잠겨 있을 때가 아닌가 싶어요.

이렇게 정성껏 도와줘도 알아주지 않는다, 무엇 때문에 이처럼 일해야 하는가 하고 마음속에서 중얼거리고 있는 한, 우리의 하루하루가 우울해지는 것은 당연하지 않겠어요.

당신이 지금 아이를 기르는 데 지쳐 있는 건 틀림없는 사실일 거예요. 하지만 나의 판단으로는 당신께서 뭔가를 잊고 계시는 게 아닌가 하는 생각이 자꾸만 드는군요.

98세의 시부야 씨는 날마다 오전 중에 신문을 읽고, 문고판 책을 읽고, 전기 같은 것도 읽으신다는군요. 활자를 멀리하는 젊은 학생들은 도저히 따라갈 수 없을 만큼 열심히 공부하는 태도가 아닌가 싶어요.

자, 힘내시라고요. 당신은 시부야 씨의 나이가 되려면 아직 65년이나 남았어요. 게다가 당신은 건강하시잖아요. 자기의 인생을 활기 있게 살아가시도록.

"나는 아직 천국에 갈 만한 선행은 쌓지 못했어요."

시부야 씨는 이런 농담을 해가면서 약한 사람들의 안일을 위해 오늘도 살아가고 있습니다. 서로서로 배워 나갔으면 좋겠어요.

당신의 피로가 하루빨리 회복되시기를 빌면서.

길이 없어도 길을 가는 사람들

　아사히카와에 '올리브 회'라는 부인들의 문화모임이 있습니다. '올리브 회'라는 이름의 유래는 「구약성서」 노아의 방주 이야기에 나옵니다.
　오랜 옛날 40일 하고, 또 40 밤을 계속 큰 비가 쏟아져 세상 사람들은 모조리 죽었습니다. 하지만 하나님의 말씀에 따라 방주를 만들어 그 안에 타고 있던 노아와 그 가족, 그리고 동물들은 살아남았습니다.
　비가 그친 다음 노아가 비둘기를 날렸더니, 비둘기는 올리브 이파리를 물고 돌아왔습니다.
　비둘기가 올리브 이파리를 물고 있는 도안을 피이스peace[10]

---

10) 일본의 담배 이름

라는 담뱃갑에서 보신 일이 있으시죠? 평화의 상징으로 흔히 쓰이는 표본 그림입니다.

이 그림은 평화스러운, 때 묻지 않은, 신천신지新天新地의 도래를 나타내고 있습니다. 이런 뜻에서 '올리브 회'라고 이름을 붙인 것입니다.

이 '올리브 회'는 매월 한 차례 강사를 초빙해서 공부하고 있습니다. 30명에서 100명쯤 모이는데, 달에 따라 인원수가 다릅니다. 올 3월에는 중국에 관한 이야기를 일중우호협회日中友好協會의 아사히카와 지부장님으로부터 들었습니다.

중국에 관한 이야기라기에, 오늘날 중국의 모습을 말씀해 주시려나 하고 편안한 마음으로 참석했었습니다. 그런데 이야기가 진행됨에 따라 청중들의 얼굴은 한결같이 침통해지고, 어두운 침묵이 실내에 가득 차 있었습니다.

강사인 지부장님은 군인 출신이었습니다. 제2차 대전 중 일본인들이 중국에 어떻게 잔악한 행위를 했는지를 담담한 어조로 말하는 것이었습니다.

일본군에 쫓겨 겨우 옷만 입은 채로 어린애와 노인, 그리고 마을 사람들이 도망을 치면 그 뒤에서 일본군은 가차 없이 총격을 가해 나무토막 하나 들고 있지 않은 사람들을 한 사람도 남김없이 죽였다고 합니다.

발목이 끊어진 것 같은 모습의 어린 소녀가 죽은 아빠의 목에 손을 대고 죽은 것처럼 쓰러져 있다. 그 어린 소녀를 총검으로 찌르면 꿈틀하고 움직이면서 '악!'하고 소리를 지른다.

그냥 내버려둬도 죽어갈 이 어린 소녀마저도 이처럼 무참히 죽였다는 것이었습니다.

또 어떤 마을에서는 간첩이 몇 명 잠입했다는 이유로 마을 사람들을 한 사람도 남김없이, 심지어는 젖먹이까지 몰살시켰다고 합니다.

산처럼 쌓인 그 시체 더미 속에서 기적적으로 살아남은 여자아이가 있었다는 이야기 등등, 그 강사분이 담담히 이야기하면 할수록 일본군의 잔학한 모습이 생생하게 가슴을 파고들어, 듣고 있는 우리는 숨소리조차 내기가 미안한 느낌마저 들었습니다.

얼마 후에 이분은 한국에서 패전을 맞았다고 합니다. 그리하여 소련 포로수용소에 수용되어 있었다고 합니다. 빵 몇 조각과 멀건 수프 한 잔밖에 주지 않는 그 수용소에서 강제 노동을 했답니다.

그 이후 이 사람들은 다시 중국의 수용소로 이송되었답니다. 극도로 잔악한 행동을 한 일본인들은 어떤 보복이 오려나 하고 무척 두려웠을 것입니다.

그런데 이들에게 먼저 주어진 것은 꿈에도 그리던 길고 큰 흰 빵이었습니다. 그러는 동안에 쌀밥도 지급되고 해서 먹고 남을 만큼의 식량이 그들의 배를 채웠습니다. 강제 노동도 없었습니다.

너무 심심해서 바둑돌을 만들고, 장기판을 만들고, 마작 패를 만들어 한가로이 게임까지 즐겼다고 합니다.

1년이 지나고 2년이 지났습니다. 마침내 3년째 되던 해 일본인들은 놀기에도 싫증이 나서 책을 넣어 달라고 부탁하기에 이르렀습니다. 인간이란 언제까지나 놀고만 있으면 따분해지는 것 아니겠어요?

차츰 전쟁이란 무엇이냐, 전쟁의 정의나 불의가 있는 것이냐,

하는 생각들을 하게 되었다고 합니다.

그리하여 어차피 사형에 처해질 바에야 하는 생각으로 각자 자기가 저지른 비인도적인 행위를 낱낱이 적어 중국 당국에 제출했다고 합니다.

이윽고 재판의 날이 왔습니다. 잔학 행위의 당연한 귀결로서 죽음을 각오하고들 있었다고 합니다. 그런데 이건 어찌 된 영문일까요? 전원 무죄를 선고받았다고 합니다.

자신들의 잘못을 깨닫고, 자기들의 만행을 고백함으로써 죄는 지워졌다는 해석이었다고 합니다.

때마침 중국의 고아들이 일본에 혈육을 찾으러 돌아와 있던 때라, 이야기를 다 듣고 난 우리는, 중국 측의 너그러운 처사에 한층 더 크게 감동했습니다.

중국에서는 제2차 대전으로 인해, 무려 1천만 명이 무참히 희생당했다고 합니다. 그 숫자를 어딘가에서 읽었을 때, 나는 부녀자와 어린아이를 죽이지 않고서는 이 1천만이라는 숫자는 나오지 않을 것이라고, 일본인의 잔학한 처사에 치를 떨었는데, 알고 보니 정말로 그렇다는 것이었습니다.

그런데도 일본인이 버리거나 맡겨 두고 간 어린애를 수천 명이나 오늘날까지 아무 탈 없이 무사히 길러 주었구나 하고 나는 깊이 감동했었습니다.

강사분의 이야기로는 중국 수용소에서 3년 동안 생활하고 있으면서 한 번도 얻어맞은 일도 없고 기합받은 일도 없었다는 것이었습니다. 이 얼마나 놀라운 사랑입니까?

이 강사분이 그때의 감사에 보답하는 뜻에서 일본과 중국의 우호를 위해 일하게 되었다는 사실도 잘 납득이 갔습니다.

하지만 가슴을 억누르는 것 같은 침통한 기분이 그리 간단히는 해소되지 않았습니다. 나는 지금까지 여러 책에서 일본인의 잔학한 실상에 관해 읽어 왔습니다.

하지만 살육 체험자의 입에서 이토록 생생한 잔학 행위를 들은 적은 없었습니다. 그 당사자의 입으로 이러한 잔학 행위를 직접 들었을 때의 충격은 실로 컸습니다. 얼핏 보기에 온화한 신사로 보이는 이 사람이 아무런 망설임도 없이 사람을 죽인 것입니다.

전쟁이란 도대체 무엇일까요? 평상시에는 사람의 손가락 하나만 잘라도 상해 사건으로 보도되고 형사사건으로 체포됩니다. 그런데 전시戰時에는 수백 명을 죽여도 그 죄를 문책당하기는커녕 오히려 훈장을 받고 승진으로 이어집니다.

일본인을 죽이면 죄가 되고, 다른 나라 사람을 죽이는 것은 승진과 연관이 있다…?

그렇게 결정을 내린 사람은 도대체 누구일까요? 하나님도 부처님도 절대 아닐 것입니다. 하나님이나 부처님은 어디에 사는 사람이건 살상하는 일은 용서할 리가 없으니 말입니다.

여기서 우리는 또 하나 무서운 이야기를 들었습니다. 이 강사분이 일본으로 돌아와 몇 년인가 지난 뒤, 전쟁 당시의 친구를 만났을 때의 일입니다.

그 친구는,

"우리는 전쟁터에 나가긴 했지만, 양심의 가책이 될 만한 짓은 한 일이 없어. 오히려 나는 현지 사람들과 사이좋게 지내고 왔다고 생각해."

라면서 아무런 뉘우치는 표정도 보이지 않았다는 것입니다.
  그 사람들은 자기네들이 싸움터에서 총을 쏘아 사람을 죽인 일 따위에는 아무런 양심의 가책도 느끼지 않아도 되는 것일까요? 도무지 어쩔 도리가 없는 불가피한 일이었을까요?
  강사분은 나직이 말했습니다.
  "남의 나라에 한 발이라도 무단침입하여 전답을 짓밟고 들판의 꽃 한 송이를 꺾었더라도 그건 침략이 틀림없습니다."
  옳은 말씀입니다.
  만약 우리가 이웃집 뜰에 핀 꽃을 밟고 지나갔다면 이건 대단한 꾸중을 들을 일입니다. 개인 상호의 윤리나 국가 간의 윤리나 마찬가지 아닐까요?
  나는 1922년생입니다. 만약 내가 남자였다면 어김없이 전쟁터에 끌려갔을 것입니다. 그리고 무사히 귀환해 왔다면, 지금쯤은 근무처에서 정년퇴직하여 시치미를 떼고 귀여운 손자를 무릎에 안고, 좋은 할아버지, 좋은 남편, 좋은 아버지로 평온하게 지내고 있을지도 모릅니다.
  그리고 다른 나라의 힘없는 임신부를 총검으로 찌르고, 유아의 목을 친 과거를 한 번도 이야기하지 않고 한가로이 살아가고 있을지도 모르겠습니다.
  그야말로,
  "양심에 아무런 가책도 받는 일이 없다."
라는 생각으로 살아가고 있는지도 모르겠습니다.
  생각해 보면, 지금 이러한 사람들이 우리의 남편으로서, 아버지로서, 이웃으로서, 동네의 명사로서, 교사로서 이 일본 방방곡곡에 살고 있는지도 모릅니다.

  우리들 청중이 침통한 기분에 빠진 것은, 그러한 이루 말할 수 없는 비통한 체험을 평화를 위해 활용하지 않고 '그건 어쩔 도리가 없었던 일'로 간주하고, 오히려 전쟁을 회고하고 찬양함으로써 극우極右로 치달리는 사람들이 의외로 많다는 것을 느꼈기 때문인지도 모릅니다.

  우리 인간은 사람을 죽이기 위해 태어난 건 아니라고 봅니다. 생명이 얼마나 귀한 존재인지, 그것은 아기를 낳아 기르는 여성이라면 더 절실히 느낄 것입니다.

  그건 그렇고, 전쟁이란 도대체 무엇일까요?

  아무튼 나는 평화를 기원하지 않고는 배길 수가 없습니다.

  하루하루의 안녕을 빌면서.

삶의 자물쇠로 고민하는 당신에게

S양.

편지 잘 읽었어요. 손금까지 보셨다고요?

손금을 보게 된 동기에 관해서는 한마디도 쓰여 있지 않지만, 뭔가 걱정거리라도 있었나요?

솔직히 말해서 S양은 총명하고 강한 분이에요. 게다가 스물세 살이라는 젊음이 넘치는 나이잖아요. 언젠가 내가 신앙에 관해 말씀드렸을 때도,

"저는 그 무엇에도 흔들리지 않고 혼자서 떳떳이 살아갈 수 있으므로…."

라고 말씀하셨지요?

그러한 당신이 손금의 판단에 매우 고민하고 계신다는 것에 대해서 약간 의외이기도 했어요.

하지만 당신의 충격은 당연하다고 봐요. 손금에 따르면 당신은 서른을 넘으면 불치의 병에 걸려 일찍 죽을지도 모른다니, 그런 말을 듣고 태연히 있을 사람은 흔치 않을 거예요. 그러니 당신이 절망하는 것도 무리는 아니라고 봐요.

인간은 아주 약한 존재랍니다. 벌써 10년 전 이야기지만, 나는 여행지에서 목이 아파 의사의 진찰을 받은 적이 있어요.

그때 의사는 내게 말했어요.

"성대가 악성으로 짓물러 있습니다. 1년 동안 소리 내지 말고 이야기를 하면 나을지도 모르겠습니다만…."

"악성!"

나는 그때 갑자기 가슴이 뛰는 걸 느꼈어요. 악성이라면 우선 생각나는 게 암이에요. 그 이후 나는 매일 같이 남편에게,

"암인지도 모르겠어요."

이라고 말했다가,

"아야코, 그렇게 말끝마다 암이라고 타령하는 게 아니야."

라는 핀잔 섞인 위로의 말을 듣곤 했지요.

이런 말씀을 드리면 웃으실지도 모르지만, 당사자인 나에게는 심각한 문제였어요. 그리고 작년 말, 이번에는 다음과 같은 의사의 선고를 받았어요.

"사람은 언젠가는 죽습니다. 내일을 알 수 없는 존재입니다. 뭐 앞일은 걱정하지 말고 요양하십시오."

라고요. 대상포진으로 실명 위기에 직면했었다는 이야기는 당신에게도 해 드렸지요?

그 후 나는 비정상적인 빈혈까지 앓게 되었어요. 그래서 의사는

다분히 암이 아닌가, 의심하는 눈치더군요. 나는 분명히 반쯤은 저승에 들어선 느낌이었어요.

나의 경우는, 손금이 아니라 근대 의학의 데이터에 의한 결과이었지만, 나의 장래에 관한 예고를 받았다는 점에서는 당신의 경우와 마찬가지가 아닌가 싶네요.

그런 까닭에 당신의 충격도 이해가 간다는 말씀을 드리는 것이 결코 지나친 말은 아니라고 생각해요.

아무튼 의사의 진단이든, 점이든 간에 좋다는 말을 들으면 기분이 좋고, 나쁘다는 말을 들으면 불안에 빠지는 건 인지상정이 아니겠어요.

하지만 S양.

당신이 절망하기 전에 내 이야기에 잠깐 귀를 기울여 주세요. 우선 손금이나 점에 관한 것부터 생각해 보기로 해요.

사람의 성격이나 자라난 환경이 분명히 인체에 어떤 형태로든 나타나리라는 건 확실하다고 봐요. 그리고 그것을 근거로 추측함으로써 장래를 어느 정도 알 수도 있다고 봐요.

언제나 찡그린 얼굴을 하는 사람은 그 나름의 특징 있는 주름살을 얼굴에 새길지도 모르지요. 그러한 자료를 바탕으로 그 사람이 자신이나 남에게, 어떤 영향을 미치는지 통계적으로 파악할 수도 있을 것이고, 학문적으로 파고들 수도 있겠지요.

하지만 제아무리 학문적으로 파고들었다고 해도 인간의 어느 일부분밖에 예측 못 하는 게 아닌가 싶어요.

인간은 실로 복잡한 존재입니다. 이 복잡하기 짝이 없는 인간의 장래를 조금도 착오 없이 미리 알 수 있을 만큼 점술이 완전하다고는 도저히 생각할 수 없군요.

　하물며 현재 행해지고 있는 점이 모두 맞는다고는 생각되지 않아요. 그리고 또 병의 진단과 마찬가지로 이 사람과 저 사람의 점괘가 언제나 일치한다고는 볼 수 없어요.

　만약 당신이 열 사람한테 손금을 보였다면, 모두가 일치한다고 생각하실까요? 어떤 사람은 당신이 서른부터 운수대통하고 100살까지 살 거라고 점칠지도 모르잖아요?

　어쨌든 속담에 말하듯이, '맞는 것도 점괘, 안 맞는 것도 점괘'가 아닐지요. 그러한 점 때문에 커다란 불안만 품는다는 건 좀 지나친 생각 아닐까요.

　그런데 S양.

　어떤 아는 분이 내 남편 미우라三浦는 일생을 병약하게 살 이름이라고 말한 적이 있어요. 그 사람은 친절한 분으로, 일찌감치 이름을 바꾸라고 매일 같이 권하고 있을 정도예요. 그래도 남편은 정중히 거절해 왔어요.

　나는 어렸을 적부터, 지금까지 앓기만 해온 환자였습니다. 그 점, 판단하시는 그대로인지도 모르겠습니다.

　하지만 나는 병을 앓은 것이 인연이 되어 주님을 믿게 되었어요. 그리고 인생이 바뀌었어요. 만약 건강했더라면 잘못된 삶을 영위하고 있으리라 생각합니다.

　"그렇기도 하네요. 그만큼 강한 신앙이 있으시다면 괜찮으시겠지요. 신앙의 힘으로 운세가 바뀌는 수도 있으니 말입니다."
라고 말했고, 그 이후부터는 이름을 바꾸라는 말은 하지 않게 되었어요.

S양.

나는 여기에 점이나 성명 판단을 초월한 길이 있다고 봐요. 사람들은 자기의 운명을 미리 알고 싶어하는 법이에요.

하지만 자기의 운명을 미리 알았다고 해서, 그것으로 살아갈 힘을 얻어 행복한 인생을 산다고는 할 수 없어요.

현대의학 문제의 하나로 병명을 찾는 데 온갖 수단을 다하면서도, 막상 찾은 병에 대해 아무런 손도 쓰지 못하고 마는 일이 있다고 들었어요. 암이 발견되고, 수명이 몇 달밖에 남지 않았다는 선고를 받았기 때문에, 오히려 환자의 목숨이 단축된 예도 적지 않다는군요.

문외한인 나로서는 의학에 관한 것을 경솔히 말할 수는 없지만, 이건 장래를 미리 아는 게 좋지 않은 하나의 예가 아닌가 싶네요.

문제는 좋은 일이 예측되든, 나쁜 조건이 예견되든 간에 어떻게 진실하게 살아가느냐에 달려있다고 봅니다.

예측이나 예견은 하나의 지식이라고도 말할 수 있으므로, 물론 이것을 일언지하一言之下에 부정할 수는 없지만, 아는 것이 반드시 힘이 되는 건 아니라는 것을 말씀드리고 싶습니다.

하물며 꼭 맞는지, 어떤지도 모르는 일을 가지고 절망한다면 그거야말로 너무 유감스러운 일이 아닐까요?

점에 관해 또 한 가지 생각해 두기로 해요. 어째서 점을 칠까요? 그건 장래의 행복을 미리 앎으로써 안심하고자 하는 생각이 있기 때문이잖아요?

여기에 행복이라는 문제를 생각하지 않을 수 없군요.

내 남편은 앞에서 말한 바와 같이 몸의 병을 앓게 된 것이 오히려 다행이었다고 말하는데, 장차 부자가 된다든가, 건강해진다든가, 지위가 높아진다는 점괘가 나왔을 때, 그것만으로 안심하는 삶이 될까요?

돈이 너무 많아서 불행해진 사람, 너무 건강하기에 죄를 저지른 사람도 많은데, 더 이상 여러 말이 필요 없으리란 생각을 가져봅니다.

돈은 이 세상에서 경제생활을 하는 데 필요한 건 맞지만, 돈만 있으면 행복하다고 생각하는 것은 커다란 착각이 아닐 수 없어요.

나는 젊은 날 13년간이나 요양 생활을 한 까닭에 병실에 누워 있는 온갖 사람들을 보아 왔어요.

그중에 몸은 병들었지만, 마음까지도 병들지는 않았다고 명랑하게 살아가며 같은 병을 앓고 있는 사람을 조금이라도 도와주고 위안해 주는 사람이 있었던 걸 기억하고 있어요.

아무튼 손금이나 성명 판단의 예견이나 예측을 기다릴 것도 없이, 인생은 위험투성이지요. 그러한 것들을 뛰어넘게 하는 힘은 인간의 지혜를 초월한 하나님을 믿는 데 있다고 봅니다.

S양. 지금 당신의 고민은 인간으로서 정직한 자세이고 겸손한 고백이라고 할 수 있는데요. 이걸 기회로 나는 다시 한번 권하고 싶어요.

제발 성경을 손에 들고 힘이며, 진리며, 희망인 하나님의 사랑을 발견해 주십사 하고요. 그러면 지금의 불안은 평안으로, 그리고 절망은 희망으로 바뀔 게 틀림없다고 나는 믿어요.

그럼, 하나님의 은총이 있으시기를 믿으며.

하늘에 핀 꽃으로 살아가려면
야베 토요코矢部登代子 씨에 관한 이야기

F양.

사람은 누구나 가진 것이 많건 적건 고민하는 삶이랍니다. 당신은 지금 열아홉 살이고, 무척 건강하시다고요.

그런데도 오른쪽 어깨와 팔꿈치 사이에 있는 직경 2cm가량의 붉은 반점 때문에 고민하고 계시고, 더구나 그 반점에 늘 신경이 쓰여 즐거워야 할 젊은 날이 날마다 회색으로 보인다는 사연을 듣고, 나도 이것저것 깊은 생각에 잠겼습니다.

당신은 그 반점 때문에 여름철에는 소매 없는 옷을 입을 수가 없고, 해수욕장에 가고 싶어도 그 반점을 누가 볼까, 가지 못하신다고요?

당신으로서는 그 아픔이 얼마나 큰 고민인지, 나도 모르는 바가 아닙니다. 하지만 나는 매우 유감스럽다고 생각합니다.

반점이 있다는 것 외에는 건강이 넘친다는, 청춘의 당신이 그 반점 하나 때문에 자신의 생활을 어둡게 만들고 있으니 말입니다. 그것이 아무래도 내게는 납득이 안 가는 점입니다.

이렇게 말씀드리면, 당신은 여성에게 소매 없는 블라우스도 입지 못하고 수영복도 입지 못하는 것이 얼마나 고통스러운 일인지 모른다고 말씀하실지도 모르겠습니다.

결혼식이 끝난 뒤 소매가 짧은 다른 옷으로 갈아입을 수도 없을 것이라고 말씀하십니다. 이런 반점이 있는 여자하고 결혼해 줄 사람은 있을 것 같지 않다고까지, 당신은 단단히 생각하고 계십니다. 그 점은 잘 이해가 됩니다.

하지만 나에게는, 좀 심하게 말하자면, 호강에 겨운 걱정이라고 여겨집니다.

요전에 야베 토요코矢部登代子 씨가 우리 집을 찾아왔습니다.

그분에 관해서는 나의 저서「빛이 있는 동안에」라는 책에서도 언급했지만, 야베 씨는 초등학교 4학년 때부터 지금까지 42년간 줄곧 누워서만 생활하는 분입니다.

다친 것이 원인이 되어 골수염을 일으켰는데, 몇 번이고 입원해서 수술받았지만, 결국 다시는 일어설 수가 없었답니다.

아니, 일어서는 것뿐만 아니라 앉을 수조차 없었습니다. 그러므로 야베 씨는 거의 엎드린 자세 그대로 밤이고 낮이고 베드에 엎드려 있었습니다.

내가 이 야베 씨와 어떻게 알게 되었느냐 하면, 지금부터 13년 전인 1968년 히키다 이치로引田一郎라는 기독교 교우에게 이런 질문을 한 것이 계기가 되었습니다.

"히키다 씨, 당신은 전국에 많은 기독교 교우를 갖고 계시는데, 그중에서 가장 빛나는 얼굴을 하고 계시는 분은 어느 분입니까?"

히키다 씨는 일언지하一言之下에 야베 토요코 씨의 이름을 대고, 어떤 상황에 놓여있는 분인가 말해 주셨습니다.

솔직히 말씀드리면, 그때 나는 반신반의하였습니다. 나 자신 깁스 베드에 붙박여 여러 해를 체험한 만큼 식사, 세면, 배설의 모든 일을 남의 손에 의존하지 않으면 안 되는 고통을 뼈에 사무치게 잘 알고 있었기 때문입니다.

그러한 생활 속에서 건강한 사람도 따라가지 못할 만큼 빛나는 얼굴을 한 분은, 도대체 어떤 분일까, 꼭 뵙고 싶다고 간절히 생각했었습니다.

마침 나의 소설 「시오카리 고개」가 출간된 무렵이었습니다. 나는 도쿄에 나간 길에 사이타마현埼玉縣 안교오安行 시市에 사는 야베 토요코 씨를 찾아갔습니다.

그리하여 히키다 씨가 말한 대로 밝게 빛나는 얼굴을 한 야베 씨를 만날 수 있었습니다.

하지만 야베 씨는 처음부터 명랑한 사람은 아니었던 모양입니다. 오히려 침울한 성격이었다고 합니다. 더구나 열 살 때 일어설 수 없게 되자, 더한층 어둡고 불평이 많은 성격으로 변모되어 갔다고 합니다.

학교에 가는 것은 물론이고, 한 걸음도 걷지 못하는 몸이므로 무리도 아니었겠지요. 절망한 나머지 자살을 꾀한 일도 있었다고 합니다.

그러다가 22살 때 그리스도의 사랑을 알고 난 후부터, 야베 씨

는 사람이 바뀐 것이랍니다. 아무 데도 걸어갈 수가 없다고 날마다 한탄하고 있던 야베 씨였는데,

'나의 힘으로 걸어갈 수는 없지만, 남들이 걸어오도록 만들자.' 하는 생각을 품게 되었다고 합니다.

그러고는 어머니께 부탁해서 근처 어린이를 모이게 했습니다.

야베 씨의 베갯머리에서 주일학교11)가 시작된 것입니다. 초등학교에 3년 남짓 밖에 다니지 않았던 야베 씨였지만, 아이들은 일요일마다 야베 씨의 베갯머리에 모여 성경 이야기에 귀를 기울이게 되었습니다.

처음에는 예수쟁이 집이라고 돌을 던지기도 하고 유리창을 깨는 일도 있었던 모양인데, 마침내 학교 선생님들까지 장난꾸러기 아이들한테,

"야, 너, 야베 선생한테 이야기 들으러 가."

하고 말하게 되었답니다.

이 베갯머리의 주일학교가 발전해서 야베 씨의 집은 전도소가 되어 어른들까지 모이게 되었습니다.

야베 씨의 신앙을 전해 듣고 우리 부부가 방문한 것처럼, 전국에서 온갖 사람들이 야베 씨를 찾게 되었습니다.

그중에는 목사님도, 선교사님도, 대학교수도 있었습니다. 애당초 야베 씨가 생각했던 것처럼 자기 힘으로 걸을 수 없어도, 사람들은 야베 씨한테 모여들게 된 것입니다.

지난해 1980년에는 마침내 전도소가 교회로 발전했습니다. 3천만 엔의 땅에 2천수백만 엔의 교회당이 섰습니다. 방방곡곡에서

---

11) 기독교의 어린이들을 위한 주일 날 모임

야베 씨의 교회를 위해 헌금을 바쳤습니다.

이야기가 잠깐 빗나갔지만, 올해 야베 씨와 나는 13년 만에 재회했습니다. 야베 씨는 여전히 13년 전과 똑같은 자세로 베드에 엎드린 채로였습니다.

자원봉사 대원이 엎드린 자세의 야베 씨를 차에 태워 아사히카와까지 데리고 온 것입니다. 엎드린 자세로 야베 씨는 우리 부부가 나가는 교회에서 이야기하셨습니다.

그 자리에 모였던 백수십 명의 교인들은 빛나는 야베 씨의 얼굴을 지켜보며 깊은 감동에 젖으면서 그의 이야기를 들었습니다.

야베 씨는 이런 이야기도 했습니다. 암인가 싶어 입원했을 때 주치의가 야베 씨에게 이렇게 말했다고 합니다.

"부인께서는 몹시 인자한 바깥양반을 모시고 계시는 것 같군요. 정말로 행복해 보이는 빛나는 얼굴을 하고 계십니다."

그러고는 또,

"정말로 암이 두렵지 않으십니까? 아무렇지도 않으십니까?"

라고 말씀하시더라고요.

야베 씨는 결혼한 적은 없습니다. 게다가 암이 아닌가 하는 지경까지 이르렀습니다. 그러한 야베 씨에게 의사가 이렇게 말했을 정도였으니, 야베 씨가 얼마나 밝은 분인가 상상하실 수 있으리라 믿습니다.

내 친구 한 사람도 야베 씨의 강연을 들은 날 밤, 이렇게 감동 어린 말을 내게 했습니다.

"빛나는 얼굴의 소유자라고 아야코가 말했지만, 솔직히 말해서 난 믿지 않았어. 그런데 첫눈에 그만 놀랐는걸."

아베 씨에 비하면 사람들 대부분은 아무리 기뻐해도 모자랄 만큼의 건강한 몸을 갖고 있습니다.

그런데도 우울해 보이는 어두운 얼굴을 한 사람들이 이 세상에는 얼마나 많은지 모르겠습니다. 아베 씨가 기뻐할 수 있는데, 우리가 기뻐하지 못할 까닭이 어디 있겠습니까?

어째서 기뻐하지 못하는 것일까요? 그것은 진정한 의미에서 생명이 존엄하다는 것을 몰라서가 아닐까요?

갓난아이에게 1억 엔의 돈다발을 주어도 기뻐하지 않을 것입니다. 우유를 주면 기뻐할 것은 뻔합니다.

그러므로 생명이 존엄하다는 걸 모른다는 것은 생명을 쓰는 방도를 모르기 때문이 아닌가 싶습니다.

F양.

당신은 자신이 지닌 것을 좀 더 확실한 눈으로 지켜봐 주시길 바랍니다. 진정한 삶이 어떤 것인가를 깊이 생각해 보시길 바랍니다. 그러면 당신은 우울한 생각을 떨쳐 버릴 수 있을 것입니다.

이제부터는 당신이 기쁨에 넘치는 나날을 보내실 수 있도록, 나는 마음으로 기원하고 있습니다.

말은 나를 위한 대변자

10월 24일, 아사히카와에는 어젯밤부터 눈이 계속 내리고 있습니다. 아직 단풍이 아름다운 단풍나무와 마가목에 쌓인 흰 눈이 그렇게 상쾌할 수가 없습니다.

올해 들어 처음 내리는 눈을 바라보면서, 나는 문득 '아름다운 말'에 대해 생각해 보았습니다.

어째서 이런 생각을 하게 되었느냐 하면, 저번에 어느 신문 편집자로부터,

"아름다운 말이란, 어떤 말이라고 생각하십니까?"
라는 질문을 받았기 때문입니다.

그래서 단풍잎에 쌓인 하얀 눈의 아름다움을 보고 있다가 생각난 것입니다. 편집자로부터 질문을 받았을 때, 나는 몹시 추상적인 말로 답변했었습니다.

1. 겸손할 것
2. 따스할 것
3. 둘러대지 말 것

이 세 가지였습니다. 수화기를 놓자, 남편이,

"솔직할 것, 이것도 덧붙였으면 좋았을걸."

하고 말해 주었습니다. 나도 그럴듯하다고 생각했습니다.

말을 사용한다는 것은 정말로 어려운 일입니다. 나는 원래 말투가 드세어서, 가끔 오해를 사는 일이 있습니다.

나는 결코 화를 내고 있지 않은데도, 상대방은 꾸중을 듣는 것 같은 기분이 드는 모양입니다. 이것은 아주 죄송하기 짝이 없는 일이라고 평소 생각하지만, 아직도 실수하는 일이 있습니다.

어째서 내 말투는 이처럼 드셀까, 생각해 보았더니, 그것은 역시 겸손히 모자라기 때문이라는 결론을 얻었습니다.

만약 내가 겸손한 마음이 풍부하다면, 제아무리 올바른 주장을 하더라도 한 걸음 물러서는 자세가 되지 않을까 싶습니다. 머리를 낮추는 자세를 취했을 것이 분명합니다. 머리를 낮게 하고도 드센 말투가 되는 일은 없을 것이기 때문입니다.

말이란 그것만 독립해서 있는 게 아니라, 마음이 자연스럽게 말로 나타나는 것이라고 봅니다. 제아무리 바른말을 해도, 제아무리 훌륭한 말을 해도 겸손하지 않으면, 그 말은 결코 아름답다고는 할 수 없을 것입니다.

나 자신 말투가 드셀 때는 반드시 상대방을 설득하려 드는 일이 많은 것 같습니다.

하지만 성경에도,

'부드러운 혀는 뼈를 꺾느니라.'

이라고 쓰여 있습니다.

부드러운 말투야말로 설득력은 있지만, 드센 말투만으로는 사람의 마음에 스며들지 않습니다. 정말로 겸손했으면 하는 생각이 간절합니다.

아름다운 말의 두 번째 조건에, 나는 '따스할 것'을 들었습니다. 따스하다는 것은 바꿔 말하면 사랑이 있다는 뜻입니다. 제아무리 겸손한 태도로 말해도 따스함이 없으면 허전한 느낌이 드는 법입니다. 차가운 느낌밖에 주지 않지요.

말이 다소 난폭하더라도 따스한 데만 있으면, 사랑이 있으면 우리의 마음은 젖어 드는 것입니다.

흔히 영화나 텔레비전에서 난폭한 사내가,

"바보야!"

하고 입으로는 야단치면서도 눈에는 눈물을 가득 담고 있는 장면을 보는 일이 있습니다.

야단맞는 상대가 마누라일 때도 있고, 자식일 때도 있고, 부하일 때도 있는데, 말은 난폭해도 그 표정에는 애정이 가득 담겨 있습니다.

'바보야!' 하는 그런 거친 말마저도 우리 가슴에 감동을 주는 것입니다. 이 따스함이야말로 사람의 말에 없어서는 안 되리라고 생각합니다.

따스함이 없이는 정말로 아름다운 말이란 있을 수 없다고 해도 과언은 아닐 것입니다.

또 나는 아름다운 말의 조건 세 번째에, '둘러대지 말 것'을 들었습니다. 둘러대는 말은 그 자리만 잘 넘기는 말을 뜻합니다. 그 자리만 모면하려는 것이므로 진실하지 못합니다.

"우리 집 근처에 오실 때는 꼭 들러 주십시오."

라는 말을 흔히들 하는데, 어디까지가 진심인지 알 수 없는 경우가 많습니다.

그 말을 곧이곧대로 듣고 찾아갔다가 푸대접받는 일도 있지 않나요? 나 역시 남편과 함께 어느 지방에 갔다가 귀중한 경험을 한 일이 있습니다.

"내일 제 차로 명승지를 안내해 드리겠습니다. 호텔로 모시러 가겠습니다."

하고, 어떤 사람이 말했습니다.

나는 직감적으로 그 말의 진실성을 의심했습니다. 하지만 남편은 저렇게까지 분명히 말했으니, 반드시 마중 올 것이라고 철석같이 믿었습니다.

그런데 그 이튿날, 아니나 다를까, 그 사람은 호텔에 나타나지 않았습니다. 그로부터 2, 3일 사이를 두고 그 사람을 다시 만났으나, 그는 자기가 약속을 어긴 데 대해서는 일언반구도 없었습니다.

아마도 그는 약속한 사실조차 잊었는지도 모르겠습니다. 그 지방에 그러한 예가 많다는 걸 이전부터 들어 알고 있었지만, 우리 부부는 몸소 체험한 셈이 되었습니다.

아무리 겸손해 보이는 애교 있는 말일지라도 그 말이 불성실하면, 이미 그 말은 아름답다고 할 수 없습니다. 기묘한 일로 둘러대는 말을 하는 사람일수록 상냥한 말씨를 쓰는 법입니다. 정말로 진짜인 것처럼 말하기 위해 겉으로 꾸며대는 것이겠지요.

"나는 당신을 사랑합니다."

"무슨 일이 있어도 결혼할 테니 나를 믿어 주세요."

이와 같은 말에 얼마나 거짓이 많았던가 하는 것은 수많은 비극이 증명해 주고 있습니다.

어느 목사님이 말했습니다.

"문화를 황폐하게 하는 것은 둘러대는 말이다."

나는 그 목사님의 말에 가슴이 뜨끔했던 일을 기억하고 있습니다. 정말 그렇다고, 나 역시도 생각합니다.

마음에도 없는 말을 하는 것은 우선 자기 자신의 마음을 거칠게 만들 뿐입니다. 아무런 열매도 맺지 못합니다.

사람이 자기의 말에 목숨을 걸 만큼의 기개와 책임을 지니지 않으면 안 되리라고 봅니다.

그 자리만 면하는 말을 서로 사용한다면 문화의 황폐를 가져올 건 뻔합니다. 사람과 사람의 신뢰가 온통 땅에 떨어지는 것도 당연하지 않겠습니까?

나의 남편은 이상의 세 가지에 '솔직할 것'을 하나 더 덧붙이라고 말했습니다. 솔직한 말은 맑은 마음에서 나온다고 들은 적이 있습니다.

우리는 그것이 어떤 때는 차마 하기 어려운 말일지라도 분명히 말하지 않으면 안 됩니다. 정말로 사랑이 있고 진실이 있다면 눈앞에서 대놓고 충고할 수 있어야 합니다.

그 솔직한 것이 얼마나 중요한가에 대해 성경에는 이렇게 쓰여 있습니다.

면책은 숨은 사랑보다 나으니라 사랑하는 자가 상하게 하는 것은 진실되기 때문이며 원수가 입 맞추는 것은 거짓이니라 면책하는 자는 평화를 가져오느니라

아무튼 앞에서 말한 네 가지를 겸비한 말을 아름다운 말이라고 나는 생각합니다. 제아무리 명석한 표준어라도 이러한 조건이 갖추어져 있지 않으면 아름다운 말이라고 할 수 없다고 봅니다.
어떤 부인은 언제나 고상한 존경어를 쓰지만, 그 이야기의 내용은 늘 남의 험담이었던 것을 기억합니다. 말이 다소 매끄럽지 못한 것은 별로 문제가 되지 않습니다.
사투리라도 상관없습니다. 우리는 진정한 뜻에서 아름답다고 할 수 있는 말을 아름다운 마음으로부터 토해냈으면 하는 마음 간절합니다.
끝으로 말에 관한 몇 가지 성구를 「구약성서」 잠언 중에서 인용해 두겠습니다. 그럼, 안녕.

온량한 혀는 생명의 나무이니라
유순한 대답은 분노를 쉬게 하여도 과격한 말은 노를 격동하느니라
죽고 사는 것이 혀의 권세에 달렸나니
미련한 자의 입술은 다툼을 일으키고 그 입은 매를 자청하느니라
간혹 하는 말은 은의 조각물에 금의 사과를 끼운 것과 같으니라

우리는 쉴 곳을 찾는 외로운 나그네
'진판珍版 혀 잘린 참새'를 쓰고나서

조금 전까지 내리던 싸락눈도 그치고 오늘은 섣달 9일입니다. 지금 당신은 신년 맞이 준비에 한창 바쁘시겠지요?

원래 나는 6월에 여름감기에 걸려 70일간 앓았습니다. 이건 올해 우리 집 10대 뉴스의 하나인데, 그 앓고 누워 있는 동안 내가 생전 처음으로 '각본'을 쓴 것도 커다란 뉴스 중 하나였습니다.

이 각본은 「진판 혀 잘린 참새」라는 제목인데, 18개소의 프로테스탄트 교회로 조직된 '아사히카와 교회 연합'의 요청에 따라 쓴 것이었습니다.

이 교회 연합은 해마다 '아사히카와 시민 크리스마스'를 주최해 왔습니다. 올해는 그 10회째인 까닭에, 나에게 뭔가 창작극을 써 달라고 부탁해 온 것입니다.

요즘 어린이들은 「혀 잘린 참새」12)와 같은 옛이야기를 모르는 것 같아요. 하지만 어머니인 당신은 알고 계실 줄 압니다.

할머니가 옷에 먹이려고 쑨 풀을 먹었다고 해서 할머니는 가위로 참새의 혀를 자릅니다.

할아버지는 산에 나무하러 가 있었기 때문에 그 사실을 몰랐다가 이야기를 듣고 참새를 가엾게 여겨 참새의 집까지 찾아갑니다.

참새들은 인자한 할아버지를 크게 환대하고 선물까지 주었습니다. 큰 치룽13)과 작은 치룽 중 아무거나 가지라고 했지만, 욕심이 없는 할아버지는 가벼운 치룽을 얻어서 가지고 돌아갔습니다. 그 속에는 금은, 산호 등이 들어 있었습니다.

할머니는 자기도 보물이 욕심나서 참새의 집을 찾아갔습니다. 그리고 무거운 치룽을 얻어 돌아왔는데, 그 속에는 뱀이나 개구리 같은 것이 들어 있어 할머니는 혼비백산했다는 이야기입니다.

선인선과善因善果,14) 악인악과惡因惡果15)의 이 이야기는 권선징악을 보여 주기 위해 만들어진 이야기가 아닌가 싶습니다.

나는 이 「혀 잘린 참새」의 이야기를 약간 |아니지요. 대폭적으로라고 말하는 편이 옳을지도 모르겠습니다.| 바꿔서 썼습니다.

내가 쓴 내용인즉 이렇습니다.

할머니가 찾아갔을 때, 참새 집에서는 마침 크리스마스 파티가 열리고 있었습니다. 참새 학교의 학생들이 성경 말씀을 암송하기도 하고 찬송가를 부르기도 하고 무용을 보여 주기도 합니다.

이 '아사히카와 시민 크리스마스'는 18일에 행사가 있었는데,

---

12) 일본의 5대 옛이야기의 하나
13) 싸리로 만든 그릇
14) 착한 일을 쌓으면 좋은 업보가 있음
15) 나쁜 원인에는 나쁜 결과가 따름

세 살짜리부터 다섯 살가량의 어린이가 9명이 스웨터에 새하얀 타이즈 차림으로 참새 모자를 쓰고 무대에 오르자, 회장을 매운 800명의 관객은 환호를 지르며 기뻐했습니다.

외양간에서 태어난 예수님과 요셉과 마리아, 그리고 세 박사, 양치기 등의 활인화活人畫가 막의 그늘에 조명으로 비쳤을 때는 모두가 숨을 죽였습니다. 그것은 현세의 존재라고는 안 보일 만큼 아름다웠기 때문입니다.

그러한 장면이 있고, 산타클로스로부터 할아버지가 가벼운 치룽을 얻어서 돌아가고, 이어 할머니가 곧 무거운 치룽을 얻어서 돌아온 대목은 비슷한 줄거리입니다.

꿈처럼 눈이 내리는 무대에서 할머니는 집에 돌아갈 때까지 참지 못하고 무거운 치룽을 열어봅니다. 그랬더니 그 속에서 나온 것은 세 눈박이 괴물 등 네 도깨비였습니다. 파랗고 노란 옷을 걸치고 탈을 쓴 도깨비가 나오자, 관객석의 어린이들은 몹시 기뻐했지만, 할머니는 혼비백산魂飛魄散하여 소리쳤습니다.

"사람 살려요!"

그리고 거기에 나타난 것이 예수 그리스도였습니다. 그리스도는 이렇게 말해 줍니다.

"이건 도깨비가 아닙니다. 할머니 마음의 모습입니다. 잘 보십시오."

자기의 마음이 이처럼 끔찍한 모습을 하고 있다니… 할머니는 그렇게 생각하고 싶지는 않았지만, 참새의 혀를 자르기도 하고 욕심을 부려서 무거운 치룽을 가져온 자기의 잘못을 깨닫게 됩니다.

그리하여 그리스도 앞에 자기의 잘못을 빕니다. 그것을 몰래 숨어서 보고 있던 어린이들도 앞으로 나와서 친구에게 짓궂게 한 죄를 고백합니다. 한편 방금 사람을 죽이고 온 살인범이 피가 흐르는 칼을 들고 나타나 그리스도 앞에 엎드립니다.

그곳에 할아버지도 왔습니다. 그리고 할아버지는 말했습니다.

"예수님, 나도 이 할멈처럼 욕심도 많지 않고 심술궂지도 않은 점을 감사하고 있습니다. 이 살인범처럼 되지 않은 일에도 깊이 감사하고 있습니다. 나는 무엇 하나 죄지은 일 없이 바르게 살아 왔습니다."

이 대사는 「신약성서」 누가복음 18장에 있는 유명한 그리스도의 예화를 흉내 낸 것입니다.

그리스도가 생존해 있을 당시 바리새인이라 불리는 한 무리의 사람들이 있었습니다. 그들은 자신들을 의인, 다시 말해서 올바른 사람이라고 자인하는 유대교 엘리트였습니다. 그들은 남을 멸시하였습니다. 그중 한 사람이 성전에서 기도하려 할 때, 또 한 사람이 곁에 있었습니다. 그는 세리稅吏로, 누구로부터도 욕심 많은 죄인으로서 기피당하는 직업을 가진 사람이었습니다.

바리새인은 이렇게 기도했습니다.

"하나님이시여, 나는 다른 사람들, 곧 토색, 불의, 간음하는 자들과 같지 아니하고, 이 세리와도 같지 아니함을 감사하나이다."

이 기도는, 하나님 앞에 섰을 때조차도 인간이 얼마나 오만한가 하는 것을 말해 주고 있습니다. 그것은 결코 남의 일이 아니고, 우리의 가슴에 진을 치고 있는, 자기만 존귀하다는 어쩔 수 없는 모습입니다.

이때 세리는 하늘을 우러러보지도 못하고 다만, 가슴만을 치며

기도했습니다.

"하나님이시여, 불쌍히 여기옵소서. 나는 죄인이로소이다."

누가 하나님의 축복을 받았는지는 말씀드릴 필요조차 없다고 생각합니다.

이 성경 장면을 흉내 내어 나는 할아버지의 대사를 썼습니다. 그리스도는 올바른 사람은 한 사람도 없다고 할아버지에게 말합니다. 할아버지는,

"그래도 말이야, 여기 내가 있지 않습니까? 혀 잘린 참새에 나오는 할아범은 욕심 없는 인자로운 사람이라고 옛날부터 말하고 있지 않습니까? 하나님 같다고들 말할 정도인데, 이거 원."
하고 어깨에 힘을 줍니다. 그러자 그리스도는,

"그럼, 뒤를 보세요."
하고 할아버지의 뒤를 가리킵니다.

소름 끼치는 음악과 함께 거기에는 오만한 괴물인 천구天狗16)가 나타납니다.

그리스도는,

"이것이 당신의 진짜 모습입니다."
라고 말하고, 자신에게 죄가 없다고 생각하는 만큼 큰 죄는 없다. 오히려 욕심 많은 할머니보다 할아버지의 죄가 더 크다고 지적합니다.

자신이 올바르다고 생각하던 할아버지는 좀처럼 그리스도의 말을 알아듣지 못하다가, 겨우 자기의 오만함을 깨닫게 되었습니다.

---

16) 깊은 산에 살며 얼굴이 빨갛고 코가 크며 자유로이 하늘을 날아다닌다는 인간처럼 생긴 상상의 괴물

이리하여 할아버지도 할머니도 자신들의 죄를 그리스도에게 용서 받았습니다.

그리스도는 다섯 도깨비가 들어있는 커다란 치룽을 짊어지고 무대막의 그늘에 있는 고갯길을 비틀거리면서 올라갑니다. 마치 우리 인간의 죄를 짊어지고 그리스도가 비틀거리는 것 같아, 이 장면에서 눈물을 흘린 사람이 많았다고 합니다.

그리스도가 고갯길에서 갑자기 사라지자, 하늘에는 십자가가 빛으로 빛납니다. 그때 목사님이 나타나서 놀라는 일동에게 메시지를 전하고, 크리스마스의 의의를 설명합니다. 뒤이어 출연자 전원과 함께 찬송가 '온 세계 만민 다 기쁜 찬송 하라'를 부르고 끝맺었습니다.

나는 참새 A로 분장한 마츠오 마키松尾麻紀 양으로부터 다음과 같은 편지를 받았습니다.

"이 연극을 보고 온 사람들이 모두 죄란 무엇인가를 잘 알았으리라고 봅니다. 저는 지금 저의 죄를 더욱더 고쳐 나가고자 마음 먹었습니다. 나에게는 그 할아버지보다도 더 많은 죄가 있다는 생각이 들기 때문입니다."

나는 이 편지를 보고 초등학생도 죄를 알았다는 사실이 무척 기뻤습니다.

내가 소설「빙점」에서 쓰고 싶었던 원죄는 이 할아버지에게도 나타나 있습니다. 자기를 올바르다고 생각하는 것이 얼마나 오만한 일인가 하는 것을요. 하지만 우리는 거의 그것을 알아차리지 못한 채 살아가고 있지요?

아무튼 당신에게도 보여 주고 싶은 무대였습니다.

길을 걷다가 꽃 피운 이야기

　입춘을 눈앞에 두고 있어 그런지, 이 고장 북국의 하늘에도 봄 기운이 찾아오고 있습니다. 하지만 앞으로 한 달은 더 영하 20도를 오르내리는 한파를 각오해야겠습니다.
　그쪽은 지금 매화가 한창이라니, 무척 아름다울 것이라고 상상합니다.
　오랜만에 예배를 마치고, 어느 환자분을 문안하기 위해 적십자 병원에 갔습니다.
　어제는 일요일이었으므로, 우리 부부는 서슴없이 응급실이 있는 현관으로 들어갔습니다. 신발을 벗으라는 표시가 있었고, 슬리퍼를 넣어둔 신발장이 있었습니다.
　여느 때처럼 그 뚜껑을 열려고 했더니, 복주머니 모양의 조그마한 자물쇠가 채워져 있었습니다.

'아이고, 불친절해라.'
하는 생각을 하면서 복도를 지나가는 사람을 보니, 버선발이나 양말 바람으로 다니고 있었어요.

나와 남편은 얼굴을 마주 보았습니다.

병원 복도를 슬리퍼 없이 걷는다는 것은 흙 위를 맨발로 걷는 것보다 더 불결한 느낌입니다. 신경질적인 나 같은 사람은 도저히 양말 바람으로는 복도를 걸을 수 없습니다.

바로 근처에 시장이 있었으므로, 우리는 슬리퍼를 사러 병원을 나섰습니다.

눈이 섞인 바람 속을 걸어서 우리는 50m쯤 떨어진 시장에 갔습니다. 그런데 시장 안 모든 가게가 셔터를 내려 조용했습니다. 하는 수 없이 시장에서 나오는데, 남편이 말했습니다.

"다시 오기로 하고, 오늘은 그만 돌아가자고…."

오랜만에 외출했기 때문에 남편도 눈 섞인 바람이 차가웠던지, 코가 빨갛게 되어있었습니다. 하지만 다시 나온다고 해도 그것은 언제가 될지 모릅니다. 우리 두 사람은 바쁘기도 하지만 몸이 약합니다.

나는 모처럼 여기까지 왔으니, 어디선가 슬리퍼를 사서 병문안하자고 남편을 설득했습니다.

시장 두세 집 저편에 눈을 쓸고 있는 30대 남자가 있었습니다.

"저어… 근처에 슬리퍼 파는 데가 있을까요?"

하고 물었더니, 그 사람은 곧 눈 치우는 넉가래를 그 자리에 놓고,

"그쪽 시장에 없던가요?"

라면서, 어느새 앞장서서 걷기 시작했습니다.

"예, 시장엔 방금 다녀왔는데 모두 닫혀 있었어요."
하고, 우리는 미안해하면서 그의 뒤를 따라가 보았습니다.

그는 시장 안에 들어가서 가게의 셔터를 두드리며 우편함 틈새기로 안을 들여다보고 확인한 다음,

"아무도 없는데요."
하고 이웃 가게를 또 두드렸지만, 그 가게에도 사람이 없었습니다.

그 친절에 나는 무척 감동했습니다.

만약 누군가 내게 물었다면,

"아, 그쪽 시장에 있을 겁니다."
라고만 말했을 것입니다. 겨우 두세 집이니 말이에요. 방금 가 보았더니 아무도 없더라고 하면, "아, 그렇습니까?" 하는 대답으로 그쳤을 것입니다.

그런데 눈을 쓸던 손을 멈추고까지 여기저기 찾아다니는 일은 나 같은 사람은 절대 하지 않을 행동입니다. 이렇듯 세상에는 친절한 사람도 있습니다. 고맙다는 인사를 하는 우리에게 그는, 120, 30m쯤 떨어져 있는 또 다른 시장 이름을 알려 주면서,

"문이 열려 있으면 좋을 텐데요."
이라고 말했습니다.

우리 부부는 언젠가 백양사 창립자 이가라시 켄지五十嵐健治 씨가 가게에서 길 같은 걸 물을 때는 조그마한 물건이라도 사주는 게 예의라고 하시던 말씀을 떠올리고, 그의 가게에서는 무엇을 파는지 물어보았더니, 이발소라고 했습니다.

이발소에서는 물건을 살 수도 없고 해서 그 가게의 이름만 마음에 새겨두고, 그가 가르쳐 준 시장 쪽으로 달려갔습니다. 그 중간

에 약국이 있었습니다.
 약국에서도 가끔 슬리퍼를 파는 일도 있으므로 들어가 보았지만, 슬리퍼는 팔지 않았습니다. 그런데 그 약국 주인도 몹시 친절하게 슬리퍼가 있는 가게를 가르쳐 주었습니다.
 우리 부부는 고마워서 휴지 한 뭉치를 사 약국을 나왔습니다.
 친절한 사람을 둘이나 만났으니, 슬리퍼를 넣은 신장에 자물쇠가 채워져 있어 불쾌했던 감정은 어느새 사라졌습니다. 아니 그렇기는커녕, 오히려 몹시 흐뭇한 심정이 되어있었습니다.
 사람의 친절이란 이렇게 커다란 힘을 지니고 있다는 걸 새삼 느꼈습니다. 바람의 차가움도 불쾌한 생각도 깨끗이 씻겼습니다.
 다행히 가르쳐 준 시장에 슬리퍼가 있었습니다. 베풀어 준 친절에 감사를 느끼면서 병원 쪽으로 되돌아오는데, 아까 그 약국 주인도 밖에 나와서 눈을 치우기 시작하고 있었습니다.
 "아까는 감사했습니다. 덕분에 슬리퍼를 사 왔습니다."
 인사말을 하는 우리 부부에게,
 "그거 다행이십니다."
하고 기뻐했습니다.
 그러고는 조금 전 그 이발소 앞에 이르자, 그는 아직도 한창 눈을 치우는 중이었는데, 인사말을 하는 우리에게 그 역시도,
 "잘하셨습니다."
하고 지나가는 인사말이 아닌 인사를 하였습니다.
 나는 이 사람이 이제까지 걸어온 길과 이제부터 걸어가게 될 인생의 앞길을 생각해 보았습니다. 전혀 알지도 못하는 길 가는 사람에게 불과한 우리 부부에게 눈 치우던 손을 멈추고 이곳저곳 가

게 문을 두드리며 확인해 주었던 것입니다.

　모르긴 하지만, 오늘날까지 그는 수많은 사람에게 이와 같은 친절을 베풀어 온 게 아닐까. 그리고 앞으로도 수많은 이들에게 마음에서 우러나는 친절을 베풀면서 살아가지 않을까?

　그건 그렇고, 우리 부부는 슬리퍼를 들고 조금 전 그 응급실 현관으로 돌아왔습니다. 그때 마침 진료 기록지를 든 간호사가 응급실에서 나왔습니다. 응급실 현관 접수처에 아무도 없기에,

　"입원 환자의 방을 찾고 싶은데, 어디에 문의하면 될까요?"

이라고 물었습니다. 그녀는 몹시 상냥한 목소리로,

　"예, 이리로 가시면 왼쪽에 접수처가 있습니다. 저도 지금 그쪽으로 가는 길이니, 같이 가시지요."

하고는 슬리퍼를 바꿔 신는 우리를 잠깐 기다려 주었습니다. 그러고는,

　"정면 현관으로 들어오셨으면 좋았을 걸 그랬어요."

하고 웃는 낯으로 말했습니다.

　나는 깜짝 놀랐습니다. 왜냐하면 슬리퍼를 사러 나가려 할 때, 남편이 한 말이 떠올랐기 때문입니다.

　"정면 현관으로 가 볼까?"

　하지만, 나는 그때 일요일에는 이 병원 정면 현관이 열려 있었던 예가 없었다고 단정하고 있었습니다. 실은 남동생이 교통사고로 이 병원에 실려 왔다가 3일 만에 죽은 일도 있고, 숙모님이 입원하고 있어 몇 번 병문안 온 일이 있었습니다.

　어느 날 정면 현관에서 차에서 내렸더니, 정면은 닫혀 있어서 응급실 현관으로 돌아간 일이 있었습니다. 그 기억이 생생했던 까

닭인지, 일요일은 으레 진료 시간 밖이므로 정면 현관은 열려 있지 않으리라고 단정하였던 것입니다.

그래서 남편의 말에 따르지 않고 슬리퍼를 사러 갔던 것입니다. 슬리퍼가 들어 있는 신발장에 자물쇠가 채워져 있는 데에 놀라서,

'아이고, 불친절해라.'

하는 생각을 품었던 건, 제멋대로인 나의 잘못된 생각이었습니다.

인간은 자기가 옳다고 단정함으로써, 남에게 실례되는 오해를 무척이나 많이 저지릅니다.

정면 현관문은 열려 있었고, 신발도 깨끗이 질서 있게 정리되어 있었습니다. 한 걸음 더 나아가서 정면 현관으로 돌아만 갔더라면 아무 탈이 없었을 것입니다.

하지만 하나님은 이렇게 경박한 나에게 그 경박함을 통해 친절한 사람들을 만나게 해 주셨습니다.

모든 일은 서로 작용하여 이익이 된다

라는 말이 성경에 있는데, 어제 있었던 일은 이 말씀 그대로였습니다. 덕분에 크게 반성하는 기회가 되었습니다. 그리고 모자라는 우리 부부를 저버리지 않으시는 하나님을 찬양하였습니다.

행복 한 줌 뿌리고 싶은 날

안녕하세요?

나는 올겨울, 여러 번 감기에 걸려 교회에 나가지 못하는 날도 많았습니다. 오랜만에 그저께서야 남편과 함께 200m가량을 산책했습니다.

코이노보리鯉織17)가 하늘에 펄럭이고, 사프란과 수선화가 피어 있고, 갯버들이 아롱져 보였어요. 마가목과 라일락의 움도 트고 해서 이제야 아사히카와에도 봄이 왔나 싶었어요.

그런데 당신은 무코우다 쿠니코向田邦子18) 씨의 「졸고 있는 술잔」이라는 수필을 읽은 적이 있는지요?

---

17) 종이나 헝겊으로 잉어 모양을 만들어 단오에 올리는 기旗. 사내아이가 있는 집만 달 수 있음.
18) 여류 소설가. 1929~1981

무코우다 씨는 비통하게도 지난해 대만에서 비행기 사고로 세상을 떠났어요. 각본도 쓰고 소설도 쓰고 수필도 썼는데, 모두 뛰어난 작품이었지요.

이「졸고 있는 술잔」도 아주 뛰어난 재미있는 수필입니다. 이 책 속에, 다음과 같은 구절이 있어 소개합니다.

'봄날 높은 다락에서 베푸는 잔치' 여기까지는 괜찮지만, 그다음이 좋지 않아요. '졸고 있는 술잔이 그늘져 보이고'라고 되어있으니…

이 대목을 읽었을 때, 나도 모르게 웃었어요. 많건 적건 우리는 이와 비슷한 경험을 하기 때문이지요.

우리가 어렸을 적 공기놀이하는 노래 중에 다음과 같은 노래가 있습니다.

벌써 수십 년 전에 노래한 것이므로, 기억도 확실치 않고 지방에 따라 가사도 다를지 모르지만 적어 보겠습니다.

   느닷없이 일어난 우렁찬 함성
   깊은 밤 단꿈을 깨웠네
   차가운 달빛 아래 곰 가재 뒤지듯
   뜰에 비친 눈빛이 밝기도 해라
   문짝 차 던지고 넘는 울타리

더 계속 이어지는 노래인데, 지금 생각하면, 이것은 초등학교에 들어가기 전 동네 어린이들이 부르는 노래로는 가사가 꽤 난해하지 않나 싶어요.

이것은 47사(士)[19]가 쳐들어가는 것을 노래한 것이에요.

'독서 100번 스스로 뜻이 통한다.'
라는 격언이 있는데, 이렇게 난해한 노래도 날마다 부르는 동안 누구한테 묻지 않아도 뜻을 스스로 알게 되었으니, 이상한 일이기도 해요.

그런데, 내 친구 A는 이 노래의 '곰 가재Crayfish 뒤지듯'이라는 대목의 곰이 냇가에 사는 가재를 뒤진다는 뜻을 '곰 가재(家財) 뒤지듯'이라는 뜻으로 생각하고 불렀던 모양이에요. 어지간히 자랐을 때까지 그렇게 생각했던 것 같아요.

그래서 그녀는 곰이 가재를 뒤지러 왔으므로, 모두가 소란을 피워 문짝을 박차고 울타리를 뛰어넘어 도망쳤다고 생각했던 모양이에요. 47사가 곰으로 둔갑한 꼴이 된 거지요.

요즘 시대에는 레코드나 라디오, 텔레비전 등에서 들려오는 노래가 많다 보니, 이러한 착오는 더 많을지도 모르겠군요.

내가 자라던 시절은 라디오도 동네에 한 집 있을까 말까 할 때였으므로, 귀로 들어오는 것보다 눈으로 보는 것이 더 많았던 것 같아요.

가타카나(片假名)와 히라가나(平假名)만 알면 어린이도 성인용 잡지를 거침없이 읽을 수 있었어요. 왜냐하면 거의 후리가나(振り仮名)[20]

---

19) 1702년 아사노 나가노리(淺野長矩)의 유신(遺臣)으로 주군(主君)의 유지(遺志)를 이어받아, 그 원한의 원수인 키라 요시히사(吉良義央)를 무찌른 47인
20) 한자 옆에 읽는 법을 후리가나(振り仮名)로 단 것

를 달아 놓았기 때문이에요.

지금 우리 집에 1925년 1월 발행한 잡지「킹」의 창간호가 있는데, 시험 삼아 요시카와 에이지吉川英治21)의「검난 여난劍難女難」이라는 소설의 서두 두세 줄을 소개해 보겠습니다. 맞춤법은 옛날식으로 되어있습니다.

'이쿠다(生田) 경마장의 경마도 끝난 모양인지, 군중이 쓴 갓과 모자가 흐르는 강물에 띄운 꽃잎처럼 저물어 가는 저녁노을의 길을 성城이 있는 쪽으로 쏟아져 갔다.'

한자에는 모두 토가 달려있어, 책을 좋아하는 아이는 학교에서 배우기 전에 많은 글자를 외우곤 했어요. 나도 선생님께 배운 글자보다 소설을 읽고 외운 글자가 더 많은 것 같아요.

읽을 수만 있으면 자연히 말의 사용법도 알게 되고 뜻도 알게 되지만, 뜻을 잘못짚는 일도 가끔 있었을지도 몰라요. 나의 경우 가장 안타까웠던 것은 필순筆順을 잘못 외운 것이었어요.

이를테면 곰熊이라는 글자는 'ㅿ'부터 쓰기 시작하는 것인데, 오른쪽의 'ヒ'부터,

"ヒ가 나왔다, ヒ가 나왔다."
하면서 써 내려가는 잘못을 저질렀던 거예요.

어쩌면 내가 학교 선생이 되었을 때, 학생들에게도 필순을 잘못 가르쳤을지도 모르겠군요. 학급회에서 가끔,

"우리 아이의 필순은 제가 선생님께 배운 필순과 달라요. 요즘 선생님들은 정확하게 가르쳐 주지 않는 모양이에요."

---

21) 소설가. 전기(傳記) 소설, 구도(求道) 소설, 역사 소설 등으로 일본 대중문학에 독자적인 분야를 개척함 1892~1962

하는 말을 듣고 당황할 때가 있었어요. 그럴 때마다 나는,
"아니에요, 아닙니다. 잘못 가르친 건 나고, 댁 아이의 필순이 옳을 거예요."
하고 사과하곤 했습니다.

귀로만 듣는 말도 눈으로만 보는 말도, 모두 잘못을 저지르지 않나 싶어요. 아닐 거예요. 눈과 귀 둘 다 사용해서 기억한 일도 잘못된 것이, 꽤 많을 것 같다는 생각이 드는군요.

요전번에 나는 테이프에 담은 설교를 들으면서 한 자도 빼놓지 않고 받아쓰는 연습을 해 보았는데, 무척 많이 잘못 듣고 있다는 사실을 알게 되었어요.

이를테면 '우리는'이라고 말하는 것을 '그들은'으로 듣기도 하고, '나가지 않으면 안 되었습니다'를 '나갔습니다'로 듣고 있는 거예요.

테이프이기 때문에 다시 감아서 들어보면, 내가 잘못 들은 것을 확인할 수 있었지요. 한 마디 한마디의 말을 아무렇게나 기억하면, 그 말을 선택한 사람의 정성까지 아무렇게나 받아들이는 꼴이 되잖아요? 듣는 건 쉬운 일이 아니라고 그때 절실히 느꼈습니다.

어제 텔레비전에서 보도의 잘못에 관해 이야기하고 있었는데, 그 가운데 어느 정치가의 병에 관해서, 어떤 나라에서는 중태라고 하고, 어떤 나라에서는 가볍다고 말하고, 어떤 나라에서는 집무하고 있다고 말한다고 했습니다.

도대체, 어느 게 옳은 보도일까요?

또 어떤 정치가는 죽었다고 보도되었는데, 정작 당사자는 그 뉴스를 듣고 나서 서서히 일어나 집무했다는 에피소드까지 전해지고

있습니다. 보도는 신속하고 정확히 전하지 않으면 안 되는 것이지만, 그 보도마저 커다란 잘못이 있다는 데 놀라지 않을 수 없군요.

나는 가끔 초청되어 강연하러 가곤 하지요. 그럴 때마다 나는 천 명이 모이면 천千의 강연을 한 셈이 되고, 2천 명이 모이면 2천의 강연을 한 셈이 된다고 생각합니다.

사람들은 이야기를 들을 때 완전히 백지白紙인 상태에서 이야기를 듣는 일은 없다고 생각합니다. 반드시 자기의 체험이나 사상과 신조를 바탕에 두고 이야기를 듣는 편이지요.

그러므로 강연이 끝난 뒤 그 모든 사람에게 감상을 묻는다면, 반드시 그 머릿수만큼 제각기 다른 감상이 쏟아져 나오리라고 생각합니다. 감동하는 대목도 다를 것이고, 반발하는 대목도 다를 거라고 봐요.

소설도 마찬가지가 아닐까요. 오만 부의 책이 팔렸다면 5만 명이라는 사람들의 가슴속에 제각기 다른 하나의 열매를 맺었으리라고 여겨집니다.

얼마 전에 나의 수필을 읽고 화를 낸 사람이 있었어요. 남편이 내게 친절히 해 준다는 이야기를 썼던 것인데, 그게 그 사람의 비위에 거슬렸던 모양이에요.

그 사람은 남편이 친절한 것은 내가 수입원이 있기 때문이라는 편지를 보내왔어요. 이 사람은 내 남편이 아파 누워 있는 나를 5년이나 기다렸다가 결혼한 사실을 어떻게 받아들인 걸까요?

다른 사람들에게는 감동을 주는 이 대목이, 이 사람에게는 화가 나는 대목이 된 거예요. 이렇게 되면 말하는 측과 글을 쓰는 측의 책임은 중대하지만, 듣는 쪽과 읽는 쪽의 자세 또한 그야말로 중대하다고 말해야 하지 않을까요?

　우리는 부부, 부모 자식, 형제, 친척, 시부모와 며느리 등 여러 가지 인간관계 속에서 살고 있어요. 그러는 중에 조그마한 오해로 인간관계를 무너뜨리는 일도 자주 있다고 봅니다.

　"확실히 그 사람은 이렇게 말했다."든가, "내 귀에 틀림이 없어." 하면서 일을 크게 벌이는 사람이 있는데, 한 걸음 물러서서 자기가 잘못 듣지 않았나, 잘못 생각하지 않았나 하는 점도 돌이켜 볼 필요가 있지 않나 싶군요.

　누구에게나 '곰 가재 뒤지듯'이라는 말이 '곰 가재(家財) 뒤지듯'으로 잘못 인식되는 일이 있으니까요.

삶의 시간에 매달리고 있는 나

Y 선생님.

지난번에는 저의 병 때문에 크게 심려를 끼쳐 드렸습니다. 죄송한 말씀 이루다 할 수 없습니다.

선생님의 인자하신 목소리가 들려오는 듯한 따뜻한 편지와 함께 많은 선물까지 받고 황송한 마음 금할 수 없습니다.

병이 보통 병이 아니라서 많이 놀라셨으리라고 짐작합니다. 언제부터 그런 병에 걸렸는지, 실은 저도 잘 모르고 있었습니다.

왜냐하면 재작년에 대상포진으로 입원하고 나서부터 끄떡하면 미열이 나고 늘 피로를 느꼈기 때문입니다.

날마다 점심 식사 1२식을 하고 있으므로 아침을 겸한 셈이지만 1 후, 눈을 뜨고 있을 수 없을 정도로 졸음에 쫓겨 한 시간이고 두 시간이고, 때로는 세 시간이나 자야만 할 정도로 피로가 계속

되고 있었습니다.

다른 사람들은 이렇게까지 피로가 오지 않으리라 생각하면서, 제게는 그 피로가 일상화되어 간 것입니다.

그렇게 지쳐 있으면서도 눈을 뜨면 원고 구술하며 한 달에 몇 가지씩 연재물을 싣고 있었습니다. 이 피로가 이미 발병해 있었다는 증거였는지, 아니면 발병의 징조였는지조차 저도 잘 알 수가 없었습니다.

적혈구가 3분의 2밖에 안 된다는 것을 생각할 때, 아무튼 보통의 건강 상태는 아니었다는 것만은 확실했습니다.

변에 피가 섞여 나온 것은 지난해 가을이었다고 기억합니다. 그러던 것이 스무날쯤 해서 혈변이 멎고 체중도 조금씩 불었습니다. 그런 가운데 올해 1982년 새해를 맞이했습니다.

선생님, 기억하고 계시는지 모르겠습니다만, 정월 초하룻날 제가 선생님께 새해 세배 전화를 올렸던 일을요. 저는 섣달그믐날 저녁 삿포로에서 혼자 계실 선생님을 생각하고 있었습니다.

선생님은 저의 초등학교 시절 1학년부터 6학년 때까지 가르쳐 주셨습니다. 제가 외우고 있는 글자는 물론이고, 지리, 역사, 이과, 수학 등의 모든 기초를 닦아 주신 분이 선생님이시라는 것에 다시 한번 감사드리고 있었습니다.

그래서 올해 첫 번째 전화는 선생님께 걸자고 마음먹고 있었습니다. 여태까지는 연하장만으로 인사를 대신해 왔었는데, 저도 평소 하지 않던 일을 한다는 생각에, 혹은 올해 설이 저의 마지막 설이 되지 않을까, 방정맞은 생각이 문득 떠오른 것입니다.

4월이 되자, 지난해 가을과 마찬가지로 또 하혈이 시작되어 몸이 쇠약해졌다는 걸 느끼고 드디어 병원을 찾아갔습니다.

처음에는 폴립polyp[22])이었지만, 저는 직장암으로 발전했을 거라고 생각했습니다.

결국 제 생각이 적중했는데, 진단 결과 내일 수술하기로 하고, 오늘 밤 저는 베드에 일어나 앉아 유언장을 썼습니다.

저는 평소 심장이 약하고 왼손이 오른손보다 늘 차가웠으므로, 수술 중에 만약의 일이 안 생긴다고 장담할 수는 없다는 생각이 들었습니다.

혈압도 평소 수축기가 90이고, 이완기 혈압이 때로는 측량할 수 없을 정도로 내려가는 일이 있었습니다. 그런 상황이었으므로 제가 만약의 경우를 염려하는 것은 쓸데없는 걱정이라고만 넘길 수도 없는 노릇이었습니다.

그리고 수술한 날 밤, 오전 3시에는 혈압이 너무 내려갔다고 나중에 들었습니다.

초등학교 6년 동안 저를 담임해 주셨던 선생님께서는 제 성격을 잘 아시리라고 믿습니다. 그래서 더욱 선생님께 말씀드려야겠다고 생각했습니다만, 유언장을 쓸 때, 저의 심경은 너무나 평온했습니다.

죽을지 모른다는 것도, 수술한다는 것도 이상하리만큼 공포로 느껴지지 않았습니다. 두 통의 유서를 쓴 다음, 몸에 힘이 빠진 저는 그 이상 버틸 수가 없었으므로, 일기장에 유언 메모를 추가했습니다. 그 메모 가운데 선생님의 성함도 적었습니다.

그리고 그 성함을 적은 아래쪽에,

---

22) 피부나 점막(粘膜) 위에 생기는 살덩이

'기도하고 있습니다. 감사하는 마음으로.'
라고 썼습니다.

선생님의 성함과 나란히 카네다 요시코金田芳子 선생님의 성함과 초등학교 때의 친구들 몇 명의 이름도 적어 두었습니다.

선생님, 그런데 제가 선생님께 말씀드리고 싶은 것은, 실은 많은 사람의 이름을 머리에 떠올리면서 제가 가장 말하고 싶은 게 무엇이었나 하는 것입니다.

선생님, 인간이 막다른 삶의 골목에 다다랐을 때 말하고 싶은 것은, 이상하리만큼 그리 많지는 않은 것 같습니다. 제가 꼭 말하고 싶었던 것은 신세를 진 데 대한 감사와 저의 죄를 용서해 주시라는 것이었습니다.

저는 크리스천이므로, 저의 죄를 그리스도 앞에 털어놓고 용서받기를 원합니다. 하지만 아는 분들 한 사람 한 사람에게는,

"저의 죄를 용서해 주세요"
하고 일일이 사과하지는 않았습니다.

하나님이라면 저의 죄를 모조리 알고 계시니 마음이 놓이지만, 다른 사람의 눈에는 저의 죄 전부가 보이지 않습니다. 그 일이 제게는 항상 무서운 일로 여겨졌습니다.

선생님, 사람이 남에게 저지른 죄란 도대체 어떤 것일까요?

저는 가끔 그러한 일을 생각하고 전율을 느끼기도 합니다. 저 자신이 의식하건 의식하지 않건 간에, 아무튼 숱한 죄를 거듭하면서 아무런 반성 없이 살고 있는 게 분명합니다.

가령 여태까지 저를 만난 모든 사람이 저를 둘러쌌다고 하면, 저는 한층 더 높은 단 위에 세워져 저를 둘러싼 사람들로부터 저

의 죄에 대한 문책을 당해야 한다고 하면, 그중에는 길에서 서로 스쳐 간 사람도 있고, 버스나 지하철을 함께 탔던 사람도 있을 것입니다.

어떤 사람은 서로 스치고 지나갈 때, 제가 흘겨보았다고 화를 냈는지도 모릅니다. 어떤 사람은 지하철 안에서 제가 자리를 양보하지 않았다고 욕할는지도 모르겠습니다. 또 어떤 사람은 자기가 짝을 잃고 비탄에 빠져있는 곁을 제가 남편과 손잡고 희희낙락하면서 지나갔다고 호소할지도 모르겠습니다.

저 자신이 모조리 잊고 있는 그러한 일들로 인해 상처받은 사람들이 얼마나 많은지 모르겠습니다.

그 밖에도 자기가 누워 앓고 있을 때 병문안을 와 주지 않았다고 책망하는 사람도 있을 것이고, 호주머니 사정을 생각하면서 뭘 먹을까 궁리하는 사람 앞에서 무턱대고 값비싼 음식을 주문하는 걸 비난하는 사람이 있었을지도 모르겠습니다.

돈을 좀 빌려 달라고 했는데, 빌려주지 않았다고 나무라는 사람도 있을 것이고, 자기한테 돈을 빌려주었기 때문에 자기가 타락했다고 원망하는 사람도 있을 것입니다.

바쁜 탓에 인사도 변변히 하지 않고 그 자리를 뜬 저에게 차가움만 느끼는 사람도 있을 것입니다.

생활이 엉망이 되어 있던 그때 한마디 충고라도 해 주었으면 좋았을 것이라고 따지고 드는 사람도 있을 것이고, 그와 반대로 충고한 일에 대해 쓸데없는 간섭을 했다고 원한을 품고 있는 사람도 있으리라고 봅니다.

그 밖에 험담했다던가, 친절히 대해 주지 않았다던가, 믿어 주지 않았다든가, 인사를 받지 않았다던가, 그 밖에도 제가 사람들로부터 문책당할 죄는 무척 많을 것입니다.

제아무리 선의로 대했다고 생각하여도, 저의 드센 말투 때문에 마음이 위축된 사람도 있을 것입니다.

부주의, 불찰, 손이 미치지 못한 것 등등, 부족한 저 때문에 마음의 상처를 입은 사람이 적잖을 것입니다.

하긴 그중에는 제가 성실을 다하지 않았는데도 저를 진실한 친구로 생각하시는 분도 계시리라고 보는데, 이 역시 제게는 두렵기 짝이 없는 일입니다.

하나님 앞에 사죄하는 것이라면, "저의 죄를 용서해 주시길 바랍니다." 하는 한마디로 하나님은 모든 죄를 용서해 주시겠지만, 주위 사람들 개개인에게, "그때 무슨 무슨 잘못을 저질러 잘못했다." 하고 사과하지 않으면, 용서받을 수 없을 것 같은 두려움을 느낍니다.

왜냐하면 인간이란 원래 자기가 상처받은 것을 절대 잊지 않고, 죽을 때까지 기억하는 법이니 말입니다.

이렇게 생각하자, 저는 정말로 진지하게 마음속으로부터 하나님과 사람들 앞에 저의 죄를 용서받지 않으면 죽으려야 죽을 수도 없다고 절실히 느낀 것입니다.

아무튼 지난번 저의 병이 제게 가르쳐 준 것은, 제가 저지른 죄가 얼마나 깊은가 하는 것이었습니다.

그와 동시에 생각한 것은, 저 때문에 상처 입은 분들의 상처를 저의 힘으로는 도저히 치유할 수 없다는 점이었습니다. 그것을 치유할 수 있는 분은 그리스도라고 새삼 느꼈습니다.

하지만 될 수 있는 한 사람 한 사람에게 사과하고 세상을 떠나려고 합니다.

선생님, 이제 글을 끝마칠까 합니다. 저의 여태까지의 실례와 잘못을 용서해 주시길 바랍니다.

선생님의 안녕과 건강을 기원합니다.

계획도 약속도 없지만, 내일은 있다

올해는 예년과는 달리 따뜻한 9월이었습니다. 9월도 보름을 지나면 아사히카와에서는 난로가 그리울 정도로 기온이 내려갑니다.

그런데 올해는 거의 난방의 필요를 느끼지 않은 채 10월을 맞이할 수 있었습니다.

10월은 결혼 시즌입니다. 어느 예식장이나 만원을 이루는 철입니다. 이 시즌이 되면, 나는 어떤 사람의 일이 머리에 떠오릅니다.

그것은 B라는 사람에 관한 일인데, 그는 자기 아들 결혼식 축사를, 어떤 사람에게 부탁했답니다.

그런데 그 축사 가운데,

"오늘 결혼하시는 두 분은 부모 곁을 떠나 새출발하게 됩니다. 바라건대, 앞으로 어떤 일이 있더라도 일생을 마칠 때까지 화목하게 삶을 가꾸어 가시기를 부탁하는 바입니다."

이라고 말했답니다.
 그런데 B씨는 이 축사에 굉장한 불안을 느꼈답니다. 아니, 분노를 느꼈다고까지 했습니다.
 왜냐하면 그 축사 중에 '떠난다'든가, '마친다'는, 이른바 꺼리는 말이 들어 있었기 때문입니다.
 관혼상제의 예절에 관해 쓴 책에 장례식 때 꺼리는 말이랄지, 혼례 때의 꺼리는 말이 나와 있는 것을 우리는 흔히 봅니다.
 지금 내가 가지고 있는 이런 류類의 책에 씌어 있는 혼례 때의 꺼리는 말을 나열해 보겠습니다.
 '자르다, 되돌아오다, 떠나다, 깨지다, 헤어지다, 돌아가다, 죽다, 사라지다, 나가다, 끝나다, 따로따로, 또다시, 재차, 두고두고, 되풀이하다.' 등등의 말이 쓰여 있었습니다.
 누가 언제부터 이러한 꺼리는 낱말을 생각해 냈는지 모르지만, 이러한 말들을 결혼식 당일에 축사로 썼다고 해서 불안한 생각을 갖거나 화를 내는 것은, 대체 어찌 된 영문인지 모르겠습니다.
 두 사람의 행복한 결혼과는 아무 관계가 없는 일이라는 생각은 안 드시나요?
 만약 그 자리에서 사용한 말이 신랑 신부의 일생을 불행하게 한다고 곧이곧대로 믿는 사람이 있다면, 그것은 참으로 우스운 얘기가 아닐 수 없습니다.
 이렇듯 행불행과는 아무런 관련도 없는 말에 사람들은 어째서 겁을 먹는지 알다가도 모를 일입니다.
 겁을 먹는다는 얘기가 나왔으니 말이지, 정말 좋은 날 뭔가 실패할 걸 두려워하는 사람도 있습니다.

이를테면 정말 좋은 날 접시를 깨면, 그해 내내 하는 일마다 실패하지 않을까 겁먹기도 하고, 꾸중을 들으면 '정초부터 야단만 맞고…' 하는 생각으로 풀이 죽기도 하고 용기마저 잃습니다.

또 진학할 자식을 가진 가정에서는 '미끄러진다'든가, '떨어진다'라는 말을 극단적으로 싫어하는 것 같습니다.

환자는 사四라는 숫자를 싫어합니다. '사'라는 음에서 '사死'를 연상하기 때문인 것 같습니다. 이와 같은 이유에서 4444번이라는 전화번호를 좋아할 사람은 없을 것이고, 4949라는 번호를 좋아하는 사람도 그다지 없을 것입니다.

4444는 '사사사사死死死死'를, 4949는 '사고사고死故死故'를 연상하는 모양입니다. 숫자에는 아무런 뜻이 없는데도 말입니다.

어느 신문 기자의 결혼 피로연에 참석한 일이 있었습니다. 그야말로 통쾌한 축사가 속출하는 파티였습니다.

"대개 사람이 칭찬받는 것은 장례식 때, 아니면 결혼식 때 정도입니다."

하는, 벽두부터 장례식이라는 말이 튀어나올 정도였으니, 분위기를 짐작하시리라 믿습니다.

또한 '죽지 말라', '실패하지 말라', '헤어지지 말라' 하는 말들이 서슴없이 나왔습니다.

사실이지, 그러한 축사는 정성이 깃든 따뜻한 말이었습니다. 꺼리는 말에 신경을 쓰면서 축사하다가는 진실과는 동떨어진 내용의 축사가 되고 말 것입니다.

그렇게 되면 축복하는 사람도, 받는 사람도, 서로 마음이 통하는 축하연을 가질 수 없지 않을까요?

실질적인 문제는 진실이 있느냐 없느냐에 달려있습니다. 틀에 박힌, 형식적인, 그리고 사탕발림만 한 말보다도 직접 마음에 와 닿는 축사가 훨씬 더 뜻이 있습니다.

그런데 일본에서는 어째서 이처럼 꺼리는 말이 많을까요? 어째서 재수 없다는 말이 이처럼 많을까요?

우리가 어렸을 적에는 빗을 주우면 안 된다고 했습니다. 이것 또한 일본말 발음으로 하자면, '쿠시くし櫛 : 빗'가 쿠시くし苦死 : 고생이나 고뇌한 끝에 죽음'를 연상하게 하기 때문이 아닌가 싶습니다.

일본은 말이 풍부한 나라이긴 하지만, 유감스럽게도 사상적으로는 깊은 나라라고 할 수 없지 않나 싶습니다.

이런 노래도 있습니다.

설날 아침
황천 가는 이정표里程標
반갑기도 하고 안 그렇기도 하고

잇큐 화상一休和尙23)의 노래라고 기억하고 있습니다.

지팡이 끝에 해골을 달고는 설날 아침 동네를 누비고 다녔다는데, 이건 또 굉장한 경지가 아니고 무엇입니까?

꺼리는 말에 신경을 쓰거나, 재수 없다는 말에 매달리는 우리로서는 도저히 이를 수 없는 경지가 아닌가 싶습니다.

---

23) 일본 무로마치(室町) 중엽의 유명한 승려. 시(詩), 서화(書畵), 와카(和歌) 등에 능했음. 1394~1481

설날은 경사스럽다고 생각하기 마련인 우리 범인凡人들에게 설날이 올 때마다 황천길이 가까워지고 있다고 잇큐는 통렬히 풍자하고 있습니다.

이런 태도가 실은 우리에게 필요합니다. 사四라는 숫자가 두려워서 피하려는 우리에게는 죽음을 똑바로 보는 자세가 없습니다.

하지만 죽음은 피해야 할 것이 아니라, 정면으로 바라보고 생각해야 할 화두입니다.

죽음이란 무엇이냐 생각하는 건, 삶이란 무엇이냐를 생각하는 일입니다. 죽음에 대한 고뇌를 피해 가는 것은, 어떻게 살아야 하느냐 하는 고뇌를 피해 가는 것과 같은 일입니다.

물론 누구에게나 죽음은 두렵습니다. 죽음이 두렵지 않다고 말하는 것은 거짓말일 것입니다. 두렵기 때문에 우리는 죽음에 대해 진지하게 생각하지 않으면 안 되리라고 여깁니다.

하나님은 우리에게 여러 가지 기쁨과 괴로움을 주십니다. 사람에 따라서 좋은 일이 많기도 하고 괴로움이 많기도 해서 갖가지인 것 같지만, 누구에게나 공평하게 찾아오는 게 죽음입니다.

방금 태어난 갓난아기도, 그 갓난아기를 기르는 부모도, 아흔을 넘은 노인도 모두 죽을 운명을 타고났다는 점에서는 동등합니다.

한 사람도 빠짐없이 맞이하지 않으면 안 되는 이 죽음을 우리는 똑바로 보는 삶을 다져 나가야 하지 않을까요?

지금이라는 말을 무턱대고 두려워할 게 아니라, 좀 더 희망을 품고 말할 수는 없을까요?

나의 소설 「시오카리 고개」의 주인공 모델이었던 나가노 마사오長野政雄 씨는 진실한 크리스천이었습니다.

이 사람은 해마다 설날에 유언을 다시 썼다고 들었습니다. 이런 흉내는 좀처럼 낼 수 없다고 봅니다. 정말로 언제 죽어도 괜찮다는 죽음의 공포에서 해방된 자유로운 정신이 없다면, 유언을 설날마다 쓸 수는 없지 않을까 생각해 봅니다.

그것이 얼마나 어려운 일인가는 우리가 펜을 들고 유언을 써보면 알 수 있을 것입니다. 혹은 자기는 젊고 건강하니 유언을 쓸 생각이 없다고 말할는지도 모릅니다. 확실히 그것이 바로, 우리 모두의 죽음에 대한 심정일 것입니다.

하지만 나가노 씨는 이제 서른 살이었습니다. 그리고 건강했습니다. 죽음이 임박한 상황에 놓인 것도 아니었습니다.

그런데도 그는 해마다 설날이면 유언을 썼습니다. 그리고 그것을 늘 상의 호주머니에 넣고 다녔답니다.

1909년 2월, 시오카리 고개에서 연결기가 분리되어 객차가 뒷걸음질 치며 탈선 전복하는 큰 사고를 내려던 순간, 그는 선로에 몸을 던져 승객들의 목숨을 구했답니다.

그러한 일을 할 수 있었던 것은, 실로 죽음을 초월한 삶을 그가 꼭 붙들고 있었던 덕분이 아니었을까요?

'사람은 죽는 존재라는 걸 명심하라.'
라는 말이, 어느 수도원의 아침 인사라는 걸 들은 적이 있습니다.

우리는 죽음에서 삶을 향해 출발하느냐 하지 않느냐에 따라 삶의 방식이 달라지지 않을까요?

죽음이라는 말에서 도망치지 않고 차분히 죽음과 대좌對坐하는 것은, 오히려 인생을 밝고 자유로운 것으로 만들어 주지 않을까요. 그럼, 안녕히 계세요.

어두운 영혼에 삶을 물으며

편지 잘 읽었습니다.

새 단지로 주택을 옮기신 지 1년, 교통편도 좋고, 아이들 학교도 가깝고, 슈퍼마켓도 바로 곁에 있어 안성맞춤인 환경이라고, 당신이 말씀하신 대로, 처음에는 무척 행복하다고 느끼신 것도 당연하다고 생각됩니다.

그런데 1년이 지난 요즘은 우울한 나날을 보내신다고 하는 사연, 그에 관해 당신은,

"이웃에 사는 젊은 부인은 내가 인사해도 거들떠보지도 않을뿐더러, 때로 얼굴을 돌려 외면하곤 합니다. 이 부인과 마주친 날은 하루 내내 불쾌하기 짝이 없습니다. 대체 저의 어떤 점이 비위에 거슬리는지 모르겠습니다. 다른 사람들과는 다정히 이야기를 나누면서도, 어째서 저와 마주치면 외면하는지 모르겠습니다. 저는 요

즘 그녀가 미워 죽겠습니다. 그래서 날마다 속이 탑니다."
라고 쓰셨습니다.

모처럼 희망을 품고 이상적인 곳으로 이사하셨는데, 그러한 일을 겪게 되셨다니, 난처하시겠습니다. 얼마나 불쾌한 나날을 지내고 계실지, 짐작이 갑니다.

내가 만일 당신이라면, 어떻게 할까요?

한 달에 한두 번 정도라면 또 모르되, 마주칠 때마다 외면당한 대서야 미워지는 것도 무리는 아니라고 봅니다.

내가 그런 일을 당했다면 모처럼 사들인 주택이라도 팔아 치우고, 어딘가 딴 곳으로 옮겨갈지도 모르겠습니다.

아니면 대체, 무엇이 비위에 거슬려 그런 태도냐고 따지러 갈는지도 모르겠습니다.

하지만 실제로 당하는 당사자이고 보면, 모처럼 산 집을 판다는 건 보통 일이 아니고, 딴 곳으로 이사 간다고 해도 그곳에 어떤 이웃이 기다리고 있을지 모를 일입니다.

내가 아는 한 사람은 맨션을 사서 이사 갔는데, 바로 이웃에 폭력배가 살고 있어 1년 내내 마음을 놓지 못한다는 이야기를 들은 일이 있습니다.

물론 이사하는 것이 반드시 최선이라고 할 수는 없습니다. 그렇다고 마주칠 때마다 외면하는 이웃 사람을 찾아가서 따지는 것도 무척 용기가 필요한 일입니다.

당신으로서는 짚이는 데가 없으니, 정말로 이 일을 처리하기가 무척 어렵겠습니다.

세상에는 그러한 불쾌한 상대가 이웃 사람뿐만 아니라, 한 지붕 밑에 살고 있는 예도 적지 않습니다. 사사건건 투정하는 시어머니의 성깔에 부어터지는 며느리의 예도 있으니, 생각해 보면 당신과 똑같은 고민을 안고 살아가는 사람이 적지 않으리라 봅니다.

그렇지만 이웃 사람이란 의외로 사이가 좋은 경우가 많은 것 같습니다.

특히 부인처럼 단지에 사는 경우, 의외로 트러블trouble이 끊이지 않지 않을까요?

흔히 신문에도 이웃집 피아노 소리가 귀에 거슬린다든가, 어린 아기의 울음소리가 시끄럽다든가 해서 살인사건으로까지 번진 예가 실려 있습니다.

그것은 피해를 주는 당사자가 의외로 상대방에게 피해를 주고 있다는 사실을 깨닫지 못하고 있다는 증거 아닐까요?

피아노를 치는 쪽에서는 피아노 소리를 소음이라고 떠들어 대는 것은 음악을 모르는 인간이라고 생각하는 것 같고, 어린 아기가 밤에 우는 것은 당연하다고 생각할 게 틀림없을 겁니다.

따지고 들 때마다 그렇게 생각하니, 따지지 않을 때는 자기가 상대방에게 어떤 피해를 주고 있는지 도무지 알지 못한다고 해도 과언이 아닐 것입니다.

이런 이야기를 들은 적이 있습니다.

어느 집이나 베란다에 이불을 너는데, 이웃집에서 이불을 털면 바람받이에 있는 집의 세탁물에 그 먼지가 날아와서 화가 난다는 것입니다.

또 이웃집 남편이 밤늦게 계단 올라오는 발소리가 너무 커서 밤마다 화를 낸다고 들은 일도 있습니다. 또 근처 개 짖는 소리에

잠을 못 잔다는 이야기도 들었습니다.

당신의 경우는 아무것도 짚이는 데가 없다고 편지에 쓰셨는데, 과연 그럴지, 다시 한번 점검해 보시면 어떨까요?

하지만 세상에는 우리의 상식으로는 이해가 안 되는 사람이 실제로 있는 법입니다. 나도 그러한 사람을 만난 일이 있습니다.

몇 해 전 삿포로의 어느 책방에서 내 책 사인회를 연 일이 있었습니다. 나는 출입문 가까운 테이블에 앉아 내 책에 사인하고, 많은 사람이 내 책을 안고 줄지어 기다리고 있었습니다.

바로 그때 문을 열고 들어온 젊은 여성이 있었습니다.

"어머, 미우라 아야코 씨의 사인회군요?"

하고 한 사람이 말하자,

"미우라 아야코? 아, 난 저 사람 질색이야."

하고 들으라는 듯이 대답하는 소리가 들렸습니다.

당신의 이웃 사람 역시 이런 사람인지도 모르겠습니다.

또 이런 일도 있었습니다. 내가 살고 있는 아사히카와에서 결혼 피로연에 초대되어 갔을 때의 일입니다.

붐비는 엘리베이터 안에서,

"미우라 씨, 당신 제발 이 고장을 좀 떠나라고…."

하고 얼굴을 맞대놓고 말한 남자가 있었습니다.

그는 선거에 열을 올리고 있었는데, 그를 지지하는 사람과 나를 지지하는 사람들이 서로 대립 관계에 있었던 것입니다.

우리로서는 생각할 수도 없는 몰상식한 태도가 아니고 무엇이겠습니까? 하긴 내 경우는, 모두 한번 지나가면 그것으로 끝나는 사건들이었으므로 시간이 지나면 잊을 수도 있습니다.

하지만 당신은 거의 매일 당하는 일이니, 그 고통이 얼마나 심하시겠습니까?

나는 당신의 편지를 읽고, 어딘가에서 읽은 적이 있는 다음의 이야기가 떠올랐습니다. 아마도 그것은 미국에서 있었던 일이었지 싶습니다.

A라는 청년이 B라는 친구와 함께 거리를 걷고 있는데, 맞은편에서 한 남자가 다가오고 있었습니다. B라는 친구는 기분 좋게 밝은 목소리로,

"안녕하세요?"

하고 그 남자에게 말했습니다.

그랬더니 상대방 남자는 갑자기 얼굴을 돌리고 불쾌한 표정으로 지나갔습니다.

A가 깜짝 놀라,

"저런 버르장머리 없는 녀석이 있나!"

하고 분개했습니다. 그랬더니 친구 B는,

"그는 매일 저 모양이야."

하고 여전히 기분 좋게 말했습니다. 조금도 마음을 상한 눈치는 보이지 않았습니다.

"뭐라고? 매일 아침 저렇다고? 그럼, 자네는 저런 기분 나쁜 녀석한테, 언제나 오늘처럼 이쪽에서 먼저 인사하는 거야? 저런 태도로 나오는 녀석한테, 뭐 때문에 인사하는 거야?"

"'뭐 때문에'라니? 난 한 인간으로서 아는 사람을 만나면 명랑하게 인사하자는 주의야. 하지만 그는 부어터진 상판을 하고 딴 데를 보자는 주의인 것 같아. 그의 주의 때문에 내 주의를 바꿀

필요는 없지 않나? 그래서 인사하는 거야."

B는 그렇게 대답했답니다. 이 얼마나 훌륭한 사람입니까?

나는 가끔 이 이야기를 떠올립니다. 그는 자기의 세계를 확립한 사람입니다. 남이 불쾌한 얼굴을 한다고 해서 일일이 그것에 흔들리지 않는 평안한 세계를 가진 것입니다.

물론 이런 경지에 도달하기란, 우리로서는 상당히 힘든 일입니다. 하지만 조금이라도 그런 삶을 본받아 살아가지 않으면, 결국 우리는 자기 자신을 망치지 않을까요?

실은 내게도 다음과 같은 경험이 있습니다.

어느 대학병원에 입원했을 때의 일입니다. 아침마다 세면장 분위기가 얼어붙을 듯 차가운 데에 놀랐습니다.

어딘가에 쓴 적이 있는데, 나는 그 살벌한 공기를 부드럽게 하려고 용기를 내어 "안녕하십니까?" 하고 인사했습니다.

내 인사에 대답해 준 사람은 아무도 없었습니다. 다음 날도 그 다음 날도, 모두가 내 인사를 못 들은 척하였습니다.

하지만 나는 굴하지 않고 명랑한 목소리로 계속 인사했습니다. 그랬더니 한 사람, 두 사람 인사받는 사람이 생겨나고, 얼마 안 가서 세면장은 화기애애하게 되었습니다.

편지의 내용으로 살피건대, 당신도 기필코 그 이웃 사람과의 문제를 충분히 극복할 수 있으리라 믿습니다.

설사 상대방이 태도를 바꾸지 않더라도, 당신의 태도는 크게 달라지리라 생각됩니다.

아오키靑木 목사님은 자기가 가장 싫어하는 사람을 위해 날마다 기도함으로써 친해졌다고 고백합니다. 건투를 빕니다.

봄비 같은 일상의 일기를 쓰세요

얼마 전까지 온통 뜰을 덮고 있던 눈도 녹고, 4월 초하루, 오늘은 따스한 햇살이 넘쳐흐르고 있습니다.

그동안 어떻게 지내셨는지요?

방금 나는 '어떻게 지내셨는지요?' 하고 썼는데, 오늘 하루를 많은 사람은 정말로 어떻게 지내고 있을까요?

병상에 누워 있는 사람, 사업에 실패한 사람, 소중한 사람과 사별한 사람, 아들딸을 진학시킨 사람 등 실로 갖가지 자기 나름대로 인생을 살아가고 있을 겁니다.

그들 중에는 어제도 오늘도 똑같이, 다람쥐 쳇바퀴 돌듯 아주 평범한 나날을 보내는 사람도 있을 것입니다.

하지만 이 무사하다는 게 얼마나 근사한 일인지 알게 되는 것은 어떤 일이 터진 이후입니다.

그런데 일이 많은 사람에게나 적은 사람에게나, 나는 오늘 권하고 싶은 게 한 가지 있습니다.

그건, '당신도 일기를 써보시지 않겠습니까?' 하는 것입니다.

"일기 같은 건 쓸 틈이 없어요."

하고, 어떤 사람은 말할지도 모르겠습니다. 또 초등학생처럼,

"쓸 게 있어야지요."

이라고 말할지도 모르겠습니다.

"남들이 훔쳐볼까, 안 쓰기로 했어요."

하고 거부하는 사람도 있을 것입니다.

그런 말씀을 하는 것은 모두 당연하다고 봅니다. 날마다 집안일에 쫓기는 분도 있을 것이고, 맞벌이하는 분, 혹은 어린아이 기르는 일 등 지칠 대로 지친 나날을 보내는 분도 있을 것입니다. 마음의 비밀이 남에게 알려지는 걸 꺼리는 분도 계시리라 봅니다.

바쁜 분은 짤막하게 쓰면 됩니다. 마음의 비밀이 남에게 알려지는 게 꺼려지는 분은 남에게 알려지지 않도록 쓰면 됩니다.

좀 바쁘더라도, 혹은 쓸 게 없거나 마음이 내키지 않더라도, 나는 역시 일기를 쓰시라고 권하고 싶습니다.

왜냐하면 '나'는 이 세상에 오직 한 사람뿐이기 때문입니다. 지구가 생긴 이래 나와 똑같은 인간은 한 사람도 태어난 적이 없습니다.

그리고 모르긴 해도, 차후에도 나와 똑같은 인간은 절대로 나타나지 않을 것입니다. 이러한 자기 자신의 가치를 소중히 여겼으면 좋겠습니다. 사랑하면 더 좋겠습니다.

자기를 올바르게 사랑하는 일이 많으면 남을 올바르게 사랑하

는 일도 많으리라 봅니다. 자기를 소중히 하는 일은 남의 행복과도 관련이 있다고 생각합니다.

일기는 그러한 자기의 생활을 진정한 의미로 풍요롭게 하는 데 필요한 일이라고 나는 생각합니다.

저축하고 물건을 사고 하는 것도 자기 자신을 풍요롭게 하는 일일 것입니다. 취미를 갖고, 일을 갖는 것도 삶을 건강하게 하는 일이 틀림없을 것입니다.

하지만 자기의 모습을 들여다보는 일, 자각하며 자기 자신을 바라보는 일은, 우리가 생각하는 이상으로 자신을 풍부하게 해 주는 게 아닌가 싶습니다.

우리는 자기가 살아있는 모습을 기념으로 남기려고 사진을 찍기도 하고 녹음하기도 합니다.

일기는 그와 마찬가지로 우리 마음의 스냅 사진이며, 마음의 녹음입니다.

훗날 다시 읽었을 때, '20대에는 이런 생각을 하고 있었구나' 한다든지, '아, 이런 일에 흥미가 있었구나.'라든지, 즐겁고 알맹이 있는 반성을 할 수 있을 것입니다.

또 자기의 마음을 연속해서 기록함으로써 '자기'를 객관적으로 파악할 수 있을 것입니다. 또 쓰기에 따라서는 자기 집안의 역사 기록도 되는 것입니다. 그런가 하면 중요한 병간호 일지도 되므로, 꽤 중요한 일이라 생각합니다.

그런데 나의 작품 중에 「돌아오지 않는 바람」이라는 일기체 형식의 소설이 있습니다.

니시하라 치카코西原千賀子라는 젊은 유모가 주인공입니다. 그 주인공에게 일기를 쓰게 하는 형태로 나는 이 소설을 썼습니다. 아래에 조금만 인용해 보겠습니다.

'오늘은 왠지 하루 내내 쓸쓸했다. 쓸쓸하다는 것은 도대체 무엇일까? 무엇이 나를 쓸쓸하게 만드는 것일까? 까닭 없이 쓸쓸함이란, 왠지 불안한 법이다.'

'고독을 사랑한다는 말만큼 터무니없으면서도 진실한 말은 없을 것이다. 하지만 고독이란 말은 이상하기 짝이 없는 말이다. 많은 사람의 마음을 끄는 말이란 숭고한가, 비참한가?'

또 귀여운 아기가 커가는 변화를 일기에 쓰는 것도 큰 즐거움일 것입니다.

'오늘 아기가 처음으로 "엄마"라고 불렀다.'

다만, 그것만으로도 족합니다.

만약 거기에 조금 더 덧붙이고자 한다면,

'이 아기가 태어난 후 처음으로 엄마라고 부른 날을, 이 아기가 크면 반드시 가르쳐 줘야겠다. 그리고 그날은 따스한 봄바람이 불고 있었다고 가르쳐 주어야겠다.'

라고 덧붙여도 좋을 겁니다.

지쳐서 아무것도 쓸 수 없는 날은, 자기가 좋아하는 말들을 써보는 게 피로를 푸는 방법이 되지 않을까요?

'남을 헐뜯는 짓은 어떤 바보도 할 수 있다.'

이런 짤막한 한마디가 자기의 마음에 여유를 갖게 해 주고, 자기 자신을 반성하는 실마리를 만들어 주는 겁니다.

또 자기가 지은 단가(短歌)24)나 하이쿠(俳句)25)를 써 두어도 좋지

---

24) 5·7·5·7·7의 31음(音)으로 된 일본 와카(和歌)의 한 형식

않을까 싶습니다. 만약 자기가 지을 줄 모른다면, 남의 작품이라도 써 두면 좋지 않을까요?

'죽어라 하고 일해도
내 형편 요 모양 요 꼴이니
물끄러미 손을 들여다본다.'

자기 마음의 흐름을 봄비처럼 하루를 마감하는 일기 쓰기를 권해드립니다.

---

25) 5·7·5의 3구(句) 17음(音)으로 된 일본의 단시(短詩)

모래 언덕 위에 누워
지난날의 첫사랑을
생각하는 날이면

목숨 없는 모래알
손가락 사이로 흐른다
속절없이 흐른다

큰 대大 자를 수없이
모래 위에 썼다가 지우고
죽는 것도 지겨워
발길을 돌렸네

3
부모의 사랑

나는 당신에게 십자가를 지게 하고 속죄하는 반려자입니다

네가 나보다 소중하다는
그 하나만 간직하고 싶은 마음을

F 부인.

어린애를 기른 지 2년째 접어들었으니, 어머니 일에도 익숙해지셨으리라고 짐작합니다.

그런데 당신의 편지를 읽고, '나는 과연 그렇구나'라고 생각했습니다.

당신은,

"어린애는 날로 성장합니다. 어제의 아이로 생각하다가 보면, 오늘은 다릅니다. 날이면 날마다 아이한테 시달리고 있습니다."

라는 편지를 보내 주셨습니다.

확실히 우리 인간에게는 익숙해져서는 안 되는 일이 있습니다.

그건 그렇고, 당신의 질문에는 감탄했습니다.

"도대체 자식을 어떻게 길러야 할까요? 어떤 사람이 되기를 바라야 할까요? 이러한 어리석은 질문을 선생님께서는 틀림없이 비웃으시리라 봅니다. 자식을 어떤 식으로 길러야 할지, 그것을 묻지 않으면 안 되는 부모가 세상에 또 있을까요?

하지만 저는 정말 진지한 마음으로 묻는 겁니다. 저는 아이를 기르며, 저 스스로는 어떻게 살아가야 하는가를 생각지도 않고 살아왔다는 걸 비로소 깨달았습니다.

자기가 살아갈 목표도 정하지 않은 주제에, 어떻게 어린애에게 자기처럼 살아가 주기를 바랄 수 있겠습니까? 부끄럽기 짝이 없습니다. 가르쳐 주시길 바랍니다. 선생 같으면 아이에게 무엇을 바라시겠는가를."

나는 당신의 진지한 질문에 먼저 감동했습니다.

언제였던가, 나는 이런 말을 들은 적이 있습니다.

"우리 딸아이는 아직 어린데 아기를 낳았습니다. 어린애가 아기를 낳았으니, 장차 어떻게 될까요?"

어떤 어머니의 말씀이었습니다.

나는 그때, 어머니의 눈에는 자기 딸이 몇 살이 되어도 어린애로 보이는 게로구나 하고 생각했습니다.

당신의 편지를 읽고, 나는 그때, 그 어머니의 말씀에 납득이 가는 것 같았습니다.

생각해 보면, 나 역시 마찬가지였습니다. 삶의 목적은 무엇이냐? 어떤 인간이 되고 싶으냐? 인간으로서 가장 중요한 것은 무엇이냐? 그러한 것은 일절 생각하지 않고 몸만 어른이 되어버린 것 같은 생각이 듭니다.

의복에 관한 이야기를 하거나, 머리 모양 이야기를 하거나 배우들 이야기를 해도 사람의 나이는 금방 스물을 넘어버립니다. 스물을 지나면 몸은 어른이므로, 아기를 낳을 수는 있습니다.

하지만 그건 앞에서 말한 그 어머니의 말을 빌린다면, 약간 심한 말일지 모르지만, 어린애가 애를 낳은 격이 될지도 모릅니다.

F 부인.

사람은 아기를 낳음으로써 비로소 어른이 되어 가는지도 모르겠습니다. 지금까지는 모든 일에 부모의 수발을 받던 딸이 이번에는 일방적으로 자기가 수발을 해줘야 하는 생활로 느닷없이 바뀌니 말입니다.

기저귀를 갈고, 목욕시키고, 젖 먹이는 일까지 전부 젊은 엄마가 해야 할 일입니다.

하지만 아기는 고맙다는 인사도 없고, 부모 마음도 몰라 줍니다. 아프다든가, 덥다든가, 졸린다든가, 배가 아프다든가 하는 것을 다만 울음소리로 때와 장소를 가리지 않고 요구할 뿐입니다.

말로 하는 게 아니라 울음소리로 요구할 뿐입니다. 아기를 낳기 전까지는 일방적으로 요구하기만 하는 이런 인간을 만난 적은 없었을 것입니다.

정말 어머니가 된다는 것은 그리 쉬운 일이 아닙니다. 게다가 그처럼 어린애에게 시달리는 동안에도 아이는 무럭무럭 성장해 갑니다.

무서운 일로는,

'세 살 때까지 인간 형성의 기초가 만들어진다.'

는 것입니다.

젊은 어머니가 우물거리는 동안, 그 아기는 인간으로서 가장 중

대한 기초를 형성한다는 것은 정말 두렵기 짝이 없는 일입니다.

하지만 총명한 당신은 아기가 만 한 살이 되었을 때, 어떠한 사람으로 기를 것인가, 눈을 뜨셨습니다. 너무 장한 일입니다.

보통 자기 자식이 장차 의사가 되었으면 한다든가, 어느 대학에 들어갔으면 하는 생각은 하지만, 당신처럼 어떤 사람이 되어 주었으면 하는 생각은 좀체 하지 않는 법입니다.

당신도 아시는 바와 같이, 나는 아기를 낳은 일이 없습니다. 그런 까닭에 큰소리칠 수는 없습니다. 하지만 만약 내게 아기가 있다면, 이것만은 꼭 가르치고 싶은 걸 몇 가지 말해 보겠습니다.

나의 남편은 「신도의 벗」이라는 기독교 잡지의 단가短歌 선자選者로 있는데, 저번에 이런 노래가 있었다고 보여주었습니다.

젖을 먹일 때마다
아기를 대신해서 식전 기도하는
어머니가 되어버린 며느리의 모습
사이토 츠토무齊藤力 지음

이 노래 작자의 며느리는 젖을 먹일 때마다, 그 갓난애를 대신해서 식전 기도를 드린답니다. 이 얼마나 아름다운 어머니의 모습입니까?

나는 이 젊은 어머니의 모습에 몹시 감동했습니다. 그 갓난애는 아마도 태어난 지, 아직 몇 달도 안 되었으리라 보입니다.

그러므로 말을 알 리가 없습니다. 하나님의 존재도 알 리가 없습니다. 그러한 아기를 대신해서,

"하나님, 맛있는 젖을 주셔서 감사합니다. 하나님이 저를 위해 이렇게 근사한 젖을 주셔서 한량없이 기쁩니다."

그 어머니는 젖을 먹일 때마다 갓난아기를 대신해서 하나님께 감사 기도를 드리는 것입니다.

갓난아기는 설사 말을 모른다 해도, 그 뇌세포에 모든 말이 기록된다고 합니다. 일반적으로 태교의 중요성은 알려져 있습니다. 태교도 물론 중요하겠지만, 태어난 뒤의 교육은 더한층 중요하다고 생각합니다.

엄마의 간절한 기도가 갓난아기에게 영향을 미치지 않을 리가 없습니다. 이 부드럽고 겸손하고 강하면서도 깨끗한 엄마의 아기가, 어떤 인간으로 성장할 것인가 능히 상상할 수 있을 것 같습니다.

이전에 나는 미국 부인들이 젖을 줄 때마다 프리즈please라는 말을 아기에게 가르친다고 들은 적이 있습니다.

이것은,

"제발 젖 좀 주세요."

하고 인사말을 가르치는 것이겠지요.

이 점에 나는 몹시 감동했는데, 갓난아기 대신 식전 기도를 드리는 이 엄마에게는 더욱 감동했습니다.

'부모는 자식에게 무엇을 가르쳐야 할 것인가?'

나는 이 엄마처럼 무엇보다도 조물주에 대한 신앙을 길러 주어야 하리라고 생각합니다.

성경에는,

'주님을 아는 것은 지식의 첫걸음이다.'

라는 말이 있습니다.

　이 성경 말씀은 매우 유명합니다. 말하자면, 이 말씀은 하나님을 아는 것이 인간 생활의 기본이라고 뜻하고 있는 것입니다. 나 역시도 그렇게 믿습니다.

　아이들에게 무엇보다도 중요한 것은 하나님을 두려워하고 하나님을 사랑하고 하나님 말씀에 순종하는 걸 가르치는 일이라고 합니다. 이것이야말로 교육의 토대가 아닐까요?

　일류대학을 나온 사람이 반드시 일류 인간이 아니라는 걸 우리는 날마다 뉴스에서 귀가 아프도록 듣습니다.

　수많은 뇌물 수수 사건, 대학 부정 입시 등을 볼 때, 일류대학을 나온 사람도 이욕에 눈이 어두워 이 세상을 더럽히고, 스스로 인생을 어떻게 망치고 있는지는, 내가 여기에서 더 말할 필요조차 없다고 봅니다.

　그건 그렇고, 당신 아기의 인생은 멀고 긴 여정입니다. 그 인생에 무엇이 기다리고 있을지 상상이나 할 수 있나요.

　진학, 취직, 연애, 결혼, 병환, 실직, 혈육과의 사별 |당신의 죽음도 그에 포함됩니다|, 그리고 있어서는 안 될 무서운 전쟁 등등, 넘지 않으면 안 될 문제나 난관이 줄지어 기다리고 있습니다.

　그 삶을 끝까지 살아가는 데 필요한 것은, 나의 경우는 그리스도의 신앙이었습니다. 그런 까닭에 만약 내게 아기가 있다면, 무엇보다도 하나님의 말씀을 전하고자 마음먹을 것입니다.

　그럼, 몸조심하시도록. 당신 아기의 한평생을 하나님이 인도해 주시도록 기도드립니다.

구름과 별을 키우는 어머니

　이곳은 단풍이 아름다운 계절입니다.
　당신에게 이 홋카이도의 선명하고 화려한, 그리고 빛나는 단풍을 한 번 보여 드리고 싶은 생각 간절합니다.
　편지 잘 읽었습니다. 당신과 나는 공교롭게도 똑같은 일에 문제를 느끼고 있었네요.
　나 역시 요즘 들어 아이들의 폭력 문제에 이루 말할 수 없는 비애를 느끼고 있었습니다.
　자식이 부모를 때리고 차고 하는 일은 우리가 자라던 시대에는 거의 들은 적도 상상조차 할 수조차 없었습니다. 그런데 요즘 와서는 그렇게 드문 일은 아닌 것 같습니다. 도대체 어떻게 된 노릇일까요?
　당신은 갓 두 살이 된 아기 '마코토'를 가슴에 안고 있으면 불안해지신다는데, 그 심정 너무나 이해가 됩니다.

'내 자식만은 그런 식으로 안 키우겠다.'
하는 오만한 데가 당신에게는 털끝만큼도 없다는 점에, 나는 우선 깊은 경의를 품었습니다.

그랬었군요? 당신의 주위에는 폭력을 쓰는 소년이 둘이나 있었군요.

나에게는 자식이 없지만, 교육이 얼마나 어려운가, 나름대로 뼈저리게 느끼고 있습니다.

요즘 어떤 중학교나 고등학교에서는 선생님들이 수업을 하기 위해 교실에 들어가는 것을 두려워한다고 들었습니다.

학생들이 여선생의 치맛자락을 들추는가 하면, 남자 선생에게는 발을 걸어 넘어뜨리기도 하고, 더 심한 예로는 복도를 전동 자전거로 돌아다닌다는데, 이 또한 우리 시대에는 없었던 일입니다.

가정에서는 부모님에게, 학교에서는 선생님에게 폭력을 쓰는 소년들ㅣ아니, 소녀들도 있다는군요.ㅣ이 늘어났다는 데 대해 어떻게 생각해야 할지, 나도 잘 모르겠습니다.

사회적인 원인과 가정적인 사정 등 갖가지 일이 서로 얽혀서 그러한 폭력이 생겨나는 것이라 봅니다만, 생각하는 실마리로 한두 가지 내가 생각하고 있는 것만 말씀드려 보겠습니다.

며칠 전 신문에,
'아이들의 폭력은 응석을 받아주는 것이 원인.'
이라는 제목을 보았습니다.

이것이 원인의 전부라고는 할 수 없겠지만, 나도 이것이 원인 중 하나라는 생각은 합니다.

오늘날의 가족 구성은 예전과는 다릅니다. 예전에는 부모 외에 조부모가 있었고, 형제의 수도 많았기 때문에 보통 일여덟 명 정도의 가족들이 한 지붕 밑에 살았습니다.

하지만 오늘날은 아이가 하나 아니면, 둘인 데다 조부모는 별거하는 가정이 많습니다. 어린아이가 적기 때문에 부모의 눈, 특히 어머니의 눈은 쉴 새 없이 자식들의 일거일동에 쏠려 있습니다.

아이는 어렸을 적부터 부모의 눈이 자기에게 쏠려 있지 않은 상황을 거의 모르고 자랍니다. 옛날 아이들에게는 상상조차 할 수 없었던 가정 환경이라고 생각합니다.

예전의 어머니는 시부모님께 신경 쓰고, 여러 아이에게 둘러싸여 하루 내내 집안일에 쫓겼습니다.

그러므로 어머니의 시선이 한 어린아이한테만 쏠리는 일은 아파 누웠을 때 이외에는 좀체 없었던 일이었지 싶습니다.

전기 청소기, 전기밥솥, 전동 세탁기 등도 어머니가 아이에게 눈을 돌리는 시간이 늘어나게 하는 데 박차를 가했습니다. 집안일을 하는 시간이 대폭 단축되었기 때문입니다.

여기서 오해가 없도록 말씀드려 둘 게 있습니다. 나는 결코 현대의 가족 구성이나 문명의 발달이 나쁘다고 말하는 게 아닙니다.

그것은 옛날 여성들이 짊어졌던 번잡한 집안일과 답답한 인간관계로부터 해방되었다는 점에서는 결코 나쁜 상황이라고 말할 수 없다고 봅니다.

다만 가족 구성원이 많아서 부모의 시선이 한 아이에게만 쏠리지 않았다는 것은 아이에게는 다행한 일이었다고 봅니다. 하루 내내 주시당하는 건 실로 커다란 정신적 부담이 되어 피로해지고 마음이 비뚤어지게 만드는 원인 아닐까요?

아무튼 형제가 많으면 자기의 욕망만 채울 수는 없게 됩니다. 제아무리 갖고 싶은 장난감이 있어도 어린애는 그 나름대로 지그시 참는 걸 배우게 됩니다. 나 역시 그랬습니다.

나는 10남매 중 중간에서 자랐기 때문에, 어린 마음에도 집안 경제라는 걸 생각했습니다.

내가 뭔가를 사 달라고 졸라대면 다른 형제들도 졸라대서 부모가 난처할 거라는 것쯤은 생각했습니다. 아마도 그 무렵의 아이들은 대개 그런 식으로 자라지 않았나 싶습니다.

그런데 오늘날은, 모두가 그렇다는 건 아니지만, 어떤 부모들은 어린애가 갖고 싶다고 하기도 전에 모든 걸 갖추어 준다고 들었습니다.

세발자전거를 갖고 싶다고 말하기도 전에 세발자전거를 주고, 스키가 갖고 싶다고 말하기도 전에 스키를 미리 사준다고 합니다.

그러므로 갖고 싶어 할 기력마저도 상실한 어린이들이라는 말이 쓰여 있는 기사를 본 일도 있습니다. 갖고 싶을 때 얻는 게 하나의 기쁨일 터인데, 그러한 기쁨이 제거된 것입니다.

갓난아기도 배가 고파야 비로소 우는 게 아니겠습니까? 그런데 배가 고프지도 않은데 젖을 먹이려고 든다면, 그건 갓난아기로서는 딱하기 짝이 없을 것이며, 게다가 갓난아기의 정신 상태에 어떤 영향을 미치리라는 것도 분명한 사실일 겁니다.

갖고 싶은 욕구를 안다는 것은 선택하는 걸 아는 일로 이어집니다. 인생은 나날이 그야말로 선택의 연속입니다.

자기 자식이 무엇을 갖고 싶어 하는지, 부모는 그걸 정확히 알고 있어야 하지 않겠어요? 그게 무참히 꺾이면 아이는 제대로 자랄 수 없다고 봅니다.

물론 아이의 요구에 응한다 해도, 갖고 싶은 걸 당장 쥐여준다면, 그것 역시 아이의 성격을 비뚤어지게 만들지 않을까요?

이를테면 장난감 비행기를 갖고 싶어 할 때, 그건 부모와 자식 간에 대화할 기회가 아닌가 싶어요.

그것이 지금 당장 필요한 것인가 아닌가, 그 비행기보다 더 작은 게 아이의 나이에 맞는 장난감이 아닌가, 혹은 완성품보다는 조립식이 더 좋지 않을까?

그 장난감을 사기 위해 자기가 받은 세뱃돈을 쓰면 어떤가 하는 것 등, 거기에 여러 가지 대화를 해도 좋겠지요.

어떤 어머니가 한 말이 생각납니다. 그 어머니는 어린애가 갖고 싶은 것이 있으면, 반드시 일주일간 생각하게 한다고 했습니다.

어린애는 날마다 그 가게 앞에 가서 그 물건을 쳐다본다. 그러는 동안 아이는 그걸 꼭 갖고 싶다고는 말하지 않게 된다.

또 갖고 싶다고 계속 생각한다면 일주일이나 즐겁게 기다렸기 때문에 그동안에 얻은 기쁨 또한 컸다는 것입니다. 그리고 그런 데서 인내심이 길러진다고 말했습니다.

생각해 보면 어린애가 무엇을 갖고 싶어 했을 때가 이 인내심을 길러 줄 절호의 기회입니다. 그 절호의 기회를 놓치는 것은 어린애가 요구하는 대로 아무거나 다 해 주는 부모에게 책임이 있다고 봅니다.

이래서 응석받이로 어린애를 기른다는 평을 듣게 되는 것입니다. 응석을 받아줌으로써 아이는 인내심을 잃고 맙니다. 그리하여 어느새 부모를 노예처럼 복종시키려 드는 성격으로 자라는 게 아닌가 싶습니다.
 그 결과 아이는 한층 더 깊은 고독에 빠져듦으로써 그것이 폭력이라는 일그러진 형태로 나타나는지도 모르겠습니다.
 응석을 받아준다는 것은 말하자면, 자기 자식을 인간으로서 대등하게 여기지 않는 게 아닐까요?
 노인을 과보호하거나 어떤 부류의 사람을 지나치게 돕는 것과 마찬가지로 응석을 받아주는 것 역시 인간을 진정으로 존중하지 않는 증거라고 생각합니다.
 어린애가 나쁜 짓을 했을 때는 나쁘다고 지적해 주는 게 바람직합니다. 잘못하면 잘못한다고 가르쳐 주는 것이 바람직합니다. 잘했을 때는 잘했다고 칭찬해 주어야 합니다. 뭐든지 오냐 오냐 하는 것은 어린애로서는 고독한 일이 틀림없을 것입니다.
 내가 앓아누워 있을 때, 다음과 같은 노래를 읊었습니다.

 추파를 던지고 있다는 걸 알면서도
 기분 좋게 응대한 한 시간 후에
 나는 그만 솜처럼 지쳐버렸네.

 이런 노래를 읊은 일이 있는 나는 어리광을 받아줄 때의 그 안타까운 심정을 잘 납득할 것 같습니다.
 당신처럼 규모 있게 아이를 기르고 계시는 한, 댁의 아이는 절대 폭력을 쓰지 않으리라고 봅니다. 부디 안심하시길 바랍니다.
 그럼, 안녕.

당신의 아픔을 나의 고뇌로

편지 잘 받아보았습니다.

요전번 '아이들의 폭력에 대해 생각한다'라는, 나의 글에 공감해 주셔서 한량없이 기쁩니다.

나는 어린애를 응석받이로 기르는 것이, 결국은 아이들을 폭력으로 치닫게 하는 게 아닌가 하는, 내 생각에 잘못이 있다고는, 조금도 생각하지 않습니다.

그런데 확실히 지적하신 바와 같이, 나는 그 원인에 대해서는 말했지만, 현재 폭력을 쓰고 있는 아이에게, 어떻게 대처해야 하느냐 하는 문제에는 언급하지 않았습니다.

지면 관계도 있고 해서 그 문제는 다음으로 미루려 했던 것인데, 오늘은 그에 관해 조금 생각해 보고자 합니다.

당신의 동생처럼 교내에서 자주 폭력을 쓰는 경우 어떻게 대처할 것인가 하는 문제인데, 솔직히 말씀드려서 어떻게 대처해야 할지, 나 역시도 막막하기만 합니다.

이 문제는 그때그때 상황에 따라 개별적으로 처리해야 할 문제라고 봅니다. 알맞은 대답이 될는지 모르겠습니다만, 최근 내가 들은 이야기와 생각했던 바를 말씀드려 보겠습니다.

'세 번이고, 네 번이고 친구들이나 선생님께 폭력을 쓴 동생은 이제 지난날의 순진했던 소년으로는 돌아갈 수 없을 것 같습니다. 언제 어느 때 동생이 사람을 죽일지도 모른다고 생각하면 잠도 제대로 잘 수가 없습니다.'

'폭력을 일삼는 아들을 죽인 부모에 관한 기사가 신문에 나 있었는데, 우리 집에서도 차라리 그렇게 하는 편이 낫지 않겠나 하는 생각들을 온 식구가 진지하게 고려하고 있습니다.'

하는 막다른 골목에 다다른 심정을 호소해 오셨는데, 그저, 나 역시도 가슴이 아플 따름입니다. 나도 당신의 처지라면 틀림없이 똑같은 생각을 할 것입니다.

"차라리 소년원에라도 들어갔으면 좋겠다."
라고도 당신은 말씀하십니다.

그 심정 또한 가슴 아프도록 잘 알겠습니다. 분명히 소년원에라도 들어가 있으면 남을 살상할 우려는 없어지겠지요.

하지만 사회에서 격리해 놓는다고 해서 그것으로 모든 게 해결되는 건 아닙니다. 설사 동생이 소년원에 들어가더라도 동생이 반드시 근본적으로 달라진다고 단언할 수는 없으리라고 봅니다. 문제는 동생이 어떻게 하면 달라질 수 있느냐에 있습니다.

대답이 될는지 모르겠습니다만, 최근 내가 들은 이야기를 당신에게 전해 드리겠습니다.

지방 어느 교회에 A라는 목사님이 계십니다. 우리 부부와는 친분이 두터운 목사님입니다.

이 목사님은 일주일에 단 한 번 성경 강의를 하기 위해 그 고장 사립고등학교에 강사로 나가고 있습니다. 이 고등학교에도 예외 없이 폭력 두목이 있어 문제를 일으키고 있었습니다.

담배를 피운다, 술을 마신다, 여학생들을 희롱한다, 수업 중에 소란을 피운다, 결석을 밥 먹듯이 한다. 그러고는 비위에 거슬리는 사람이 있으면 상급생이나 하급생, 선생님 할 것 없이 마구 폭력을 쓰는 것입니다.

그는 교내에서 체격이 가장 좋아 완력으로 그를 당할 사람은 아무도 없었습니다.

이 목사님의 강의에도 이 폭력 학생은 노트도 성경책도 가져오지 않고 딴전을 부렸습니다.

성경책을 꺼내놓으라고 주의를 주면,

"뭐야. 이 자식!"

하면서 당장 주먹을 휘두를 것 같은 태도를 보인답니다.

목사님은 듣던 것보다 더 만만치 않은 상대라는 걸 알았습니다. 한마디의 주의도 줄 수 없는 상대입니다.

하지만 A 목사님은,

"이 자식이 뭐야. 이 자식아!"

하고 똑같은 말투로 대꾸했답니다.

그것은 그 두목 학생에 대한 A 목사님의 사랑과 용기에서 나온 말이었습니다. 교사들 대부분이 말을 건네기조차 꺼리는 그 두목 학생에게 A 목사님은 일부러 동료와 같은 말을 써 보인 것입니다.

그 후에도 A 목사님과 그 두목 학생 사이에 이와 비슷한 말이 몇 번이고 오가곤 했습니다.

어떤 때는 두목 학생과 그 패거리 여러 명에게 둘러싸인 일도 있었다고 합니다.

또 어떤 때는,

"이 자식, 집에 불을 질러 버릴까."

라는 협박을 당한 적도 있고, 차를 부순 일도 있었다고 합니다.

그런데도 A 목사님은 나쁜 짓을 나쁘다고 지적하지 않고는 배길 수가 없었습니다. 나쁜 짓을 했는데도 그것을 지적해 주지 않으면, 그 애가 너무나도 불쌍하다는 것입니다.

학교에서는 그가 졸업하기는 틀렸다고 이미 딱지를 붙여놓고 있었습니다. 그러던 참에 그는 드디어 경찰 신세를 지고 말았습니다.

당연히 퇴학 처분을 해야 한다는 소리가 높아졌습니다. 그것은 학교 당국으로서도 무리가 아닌 처사입니다.

한 학생 때문에 학급 전체가 차분히 공부할 수 없었던 겁니다. 등교하는 게 두려워 결석하는 학생까지 생겨났습니다.

이런 지경에 놓인 두목 학생에게 A 목사님은 말했습니다.

"우리 교회에 와 볼래? 바다가 보이고 해서 좋은 곳이야."

두목 학생은 코웃음쳤습니다. 그리고 말했다고 합니다.

"예쁜 아가씨가 있다면 가지."

십중팔구는 교회에 오지 않으리라고 생각했던 그 두목 학생이 뜻밖에도 교회에 얼굴을 내밀었습니다.

물론 그렇다고 그가 일변한 것은 아니고, 또 교회에도 찾아오지 않았다고 합니다. 하지만 이끌면 또 나오곤 했답니다.

이런 일이 되풀이되는 동안에, 그는 차츰 교회에 익숙해지고 소용없는 책이라고 말하면서도 성경책도 읽게 되었답니다.

이렇게 해서 반년이 지나고, 1년이 지난 3학년은 2학기 무렵이 되자, 그는 결석도 지각도 하지 않는 학생이 되어, 드디어 학교를 졸업했다고 합니다.

나는 이 이야기를 듣고 깊은 생각에 잠겼습니다.

요즘의 학교는 폭력 사건이 일어나면, 즉시 경찰에 통보한다고 합니다. 그런데 경찰은 비행 소년을 붙잡아도 학교에는 통보하는 일이 없다고 며칠 전 신문에 기사로 실렸습니다.

학교에 알리면 즉각 퇴학시키기 때문이랍니다. A 목사님의 학교에서도 문제의 그 두목 학생을 퇴학시키기로 한 것인데, 그때 A 목사님은 혼자서 버티며 그 학생을 구원한 것입니다.

그리하여 폭력 학생은 경찰 아니면, 소년 감호소나 소년원으로 보낸다는 생각밖에 못 하는 교사들 틈에서 목사님은 교회로 맞아들이는 놀라운 사랑을 보여 준 것입니다.

A 목사님은 말합니다.

"그 어떤 인간도 쓸모없는 인간은 없다. 제아무리 나이가 들어도 다시 일어날 기회는 있는 법이다. 반대로 제아무리 훌륭한 사람도 이만하면 족하다는 사람은 없다. 설사 7, 80까지 무사히 살아왔다고 해도 사람을 죽이는 일도 있다."

정말 그렇습니다. 다시 말해서 인간은 살아있는 한, 타락할 가능성도 있고, 회개하고 다시 일어설 가능성도 있습니다.

내 친구 중에 어느 고등학교 교장 선생이 있는데, 학교를 자퇴한 제자로부터 해마다 다음과 같은 연하장이 온다고 합니다.

'어떤 학생이라도 절대 퇴학만은 시키지 말아 주십시오. 퇴학당하고 좋아지는 학생은 거의 없으니 말입니다.'

이 제자는 학교가 싫어서 자퇴했지만, 자기 스스로 학교를 물러나고서도 해마다 연하장에 그렇게 쓰지 않고는 못 배기는, 가슴에 깊은 상처가 남아있는 모양입니다. 하물며 퇴학당한 학생들의 가슴속에는 얼마나 커다란 상흔이 남아있겠습니까.

확실히 우리는 '저 사람은 볼 장 다 본 사람이야. 누가 뭐래도 소용없어.'하고 사람을 버리고 싶어 하는 존재입니다.

하지만 간단히 인간을 버리면 안 되리라고 봅니다.

A 목사님의 흉내를 쉽게 낼 수 없는 우리이지만, 끝까지 문제를 물고 늘어질 때, 하나님은 생각지도 않았던 길을 열어 주실지도 모릅니다.

소년들의 폭력은 하나의 비명일지도 모릅니다. 절규일지도 모릅니다.

고통스러우시겠지만, 절대 그들을 버리지 마시고 희망을 품고 북돋아 주시길 바랍니다. 버리는 건 죽이는 것이나 다를 바 없다고 생각합니다.

전능하신 하나님이 당신의 부모님께 더 커다란 인내심을 주시도록, 그리고 지금의 잘못이 훗날 커다란 행복으로 바뀌시도록, 말이 모자라지만, 당신의 동생을 위해서도 기도를 드립니다.

당신은 파도의 길이었습니다

　요전에 나는 먼 진척되는 K씨의 부고를 전화로 받았습니다.
　나는 그 K씨의 젖먹이 적 일을 알고 있지만, 어른이 된 후로는 그를 한 번밖에 만나지 못했습니다.
　말하자면 남보다도 먼 존재였지만, 그래도 그가 죽었다는 말을 들었을 때, 내 가슴은 찢어질 것만 같았습니다.
　왜냐하면 K씨가 아직 어머니의 뱃속에 있을 때, 그의 아버지가 오호츠크해海에서 사망한 비통한 사실을 알고 있기 때문입니다.
　그의 아버지는 중학교 시절 우리 집에서 통학하고 있어서, 치시마千島로 가던 중 그의 아버지가 탄 배가 격침되었다는 뉴스는 그 당시 젊은 나에게도 너무나 커다란 충격이었습니다.
　그 뉴스를 듣고, 곧바로 조문하러 달려갔던 일이 지금도 눈에 선합니다. 아직 젊던 그의 어머니는 만삭이 된 배를 움켜쥐고 혼자 울고 있었습니다. 하얀 살결에 말수가 적은 여인이었습니다.

벌써 35년 전의 일입니다.

얼마 후 태어난 게 유복자 K씨였습니다. 그런데 K씨는 태어날 때부터 심장에 구멍이 뚫려 있었습니다.

나는 K씨의 심장에 난 구멍은 남편이 전사했다는 소식을 듣고 너무 놀란 데 원인이 있는 게 아닌가 하는, 비과학적이라고도 할 수 있는 억측을 했습니다.

아버지가 죽었다는 것도 모르고 태어난 K씨는 응당 아버지의 얼굴도 목소리도 모르고 자랐습니다. 성격이 유순한 어머니는 외아들 K씨를 기르기 위해 얼마나 고생했는지 모릅니다. 전시戰時와 전후戰後에 걸친 그 시절은 사내대장부들도 입에 풀칠하는 데 힘이 드는 때였습니다.

도쿄에서는 아사자가 있었습니다. 가냘픈 여자의 몸으로 등에 짐을 잔뜩 짊어지고는 기차를 타고 먼 항구까지 물건을 팔러 갔다가 돌아오는 길에는 생선을 받아서 또 팔고 하는 생활을 꽤 오랫동안 지속했다고 들었습니다.

나는 오랫동안 병석에 누워 있었으므로, 그런 소문만 들었을 뿐 눈으로 직접 본 적은 없지만, 그런 이야기를 들을 적마다 만삭이 된 배를 움켜쥐고 혼자 울던 모습이 떠오르곤 했습니다.

하지만 이 어머니는 부지런히 움직여 훗날 자기 집을 마련했다고 들었습니다. 외아들 K씨도 몸은 약했지만 쾌활하게 자랐다는 이야기도 들었습니다.

그리하여 지금으로부터 13년 전, 나의 부친상 때, 어른이 된 이 K씨와, 나는 비로소 만났습니다.

"어머나!"

나는 뚫어지게 K씨의 얼굴을 쳐다보았습니다. 인자한 눈매, 오뚝 선 콧날, 그의 아버지를 너무도 닮은 얼굴이었습니다.

나는 빼다 박았다는 것은 바로 이런 게 아닌가 생각하면서, 오오츠크해에서 전사한 그의 아버지에 관한 이야기를 K씨에게 했습니다.

그 후 K씨는 장가들어 두 아이를 낳았습니다. 그래도 그 심장 기능은 약해져 가고 있었던 모양입니다.

지난해 첫 번째 수술을 받았답니다. 수술 후 얼마 동안은 기력이 왕성했던 모양인데, 올 5월에 두 번째 수술을 받지 않으면 안 되게 되었답니다.

수술실에 들어갈 때 K씨는 그의 어머니와 아내, 아이들과 친척들의 손을 잡고 힘차게 흔들었다는데, 그것이 35살 K씨의 마지막 모습이었던 것입니다.

K씨의 부인은 아직 젊은 데다 큰아이가 초등학교 1학년인 어린아이입니다. K씨의 부인은 바느질을 잘한다는데, 손과 발 모두 류머티즘에 걸려 수술마저 어려운 형편에 있다고 합니다.

남편이 전사했을 당시, 아직 새파랗게 젊은 새댁이었던 K씨의 어머니는 머리가 온통 백발이 되어있었습니다.

35년 동안 K씨의 어머니는 마음 놓고 웃어 본 일이 있을까요? 남편을 잃은 일, 아들의 심장이 나쁜 일, 나날의 생활 걱정, 며느리가 류머티즘에 걸린 일, 그러한 일 하나하나가 다 K씨의 어머니를 짓누르는 무겁고 무거운 짐이었을 게 분명합니다.

나는 조금 늦게 K씨의 장례식에 참석했습니다. 홋카이도에서는 장례식을 거의 절에서 합니다. 불교식으로 말하면, 맨 처음에 독경讀經을 하고, 그다음에 조사弔詞를 읽고, 조전弔電을 공개하고, 이어서 분향합니다.

장례식에 참석한 전원이 분향을 마치면 또 독경하고, 장례식이 끝나면 장례위원장이 유족을 대신해서 인사말을 합니다.

그런 다음 아주 가까운 집안사람들만 그 자리에 남아 관 속에 눕혀놓은 죽은 사람의 시신과 마지막 대면을 합니다.

한 사람씩 관 속에 꽃을 넣고 작별 인사를 한 다음, 관에 못질을 마치면, 관은 밖에서 대기하고 있던 버스에 실려 갑니다.

일반 조문객들은 그동안 밖에서 기다립니다. 장례식은 대강 이렇게 치러집니다.

나는 때마침 갑자기 도쿄에서 찾아온 손님이 있어 장례식에 늦은 것인데, 달려갔을 때는 이미 분향하고 있었습니다.

K씨는 몸이 약했기 때문에 교제도 넓지 않았던 모양입니다. 장례식 참석자는 백2, 30명쯤 되어 보였습니다. 이 고장의 장례식치고는 결코 많은 숫자는 아니었습니다.

하지만 나는 절에 한 발을 들여놓자마자 마음이 놓였습니다. 거의 모두가 울고 있었습니다. 울어서 눈이 부은 사람도 있었습니다.

울고 있는 것은 여자들만이 아니었습니다. 남자들도 몇 번이고 손수건으로 눈을 닦고 있었습니다. K씨와 어떤 관계에 있는 사람인지는 모르지만, 나는 이처럼 참석자 거의 모두가 우는 장례식을 본 일은 기억에 없습니다.

1천 명 이상 모인 장례식에도 몇 번 참석해 보았지만, 인원이 많으면 많을수록 조는 사람이 있는가 하면, 줄곧 시계를 들여다보면서 끝나기만 신경을 쓰는 사람이 있는 법입니다. 그렇다고 인원이 적은 장례식이라 해서 반드시 참석자 전원이 우는 건 아닙니다.

우는 참석자들의 모습을 보면서 나도 어느새 울고 있었습니다. 그리고 생각했습니다. 이 사람들은 무엇 때문에 우는 것일까.

어떤 이는 어린 자식의 장례를 생각해서 울었는지도 모릅니다.

어떤 사람은 서른다섯이라는 K씨의 짧은 생명을 비통하게 여겨 울었는지도 모릅니다. 또 어떤 사람은 류머티즘에 걸린 부인이 애처로워 울었는지도 모릅니다.

그리고 어떤 사람은 K씨 어머니가 오늘날까지 한 고생을 생각하고 이제부터 슬픔에 잠길 일을 생각해서 울었는지도 모릅니다.

아무튼 한 사람의 죽음이 제각각의 가슴 속에 따뜻한 그 무엇인가를 심어준 것만은 분명합니다.

눈물은 차가운 가슴에서 솟아나는 일은 없습니다. 증오나 비정해서 뜨거운 눈물이 넘쳐 나오는 일은 없습니다.

나는 내가 알지 못하는 곳에서 K씨는 그 나름대로 힘껏 살아왔으리라 생각했습니다. 아니, K씨뿐만이 아니라, K씨의 어머니도, 아내도 열심히 살아왔으리라고 생각했습니다. 그때 모두가 관을 둘러싸고 이렇게 부르짖은 것을 기억합니다.

"부인의 아픈 것도 모두 가져가세요!"

"쓰라림도 괴로움도 모두 가져가세요!"

처음에 나는 무엇을 부르짖는지 그 뜻을 알지 못했습니다. 일본 사람은 죽은 자는 특별한 힘을 간직하고 있다는 생각들을 더러 합니다.

남은 가족들을 지켜 달라고 기도하는 것도 그 발로라고 생각하는데, 만약 죽은 K씨에게 그러한 힘이 있다면, 남은 가족들의 불행을 짊어지고 가 달라고 부르짖는 것입니다. 비통한 장례식이라고 나는 절절히 느꼈습니다.

   그리고 문득 생각했습니다. K씨 일가족의 고통과 비애가 저 전쟁에 그 원인이 있었다는 것을.

   만약 K씨의 아버지가 전사하지 않았더라면 어머니는 아이를 몇 더 낳았을 것입니다. 그리고 경제적인 걱정은 없었을지도 모릅니다. 아들 K씨의 부인이 류머티즘에 걸린 것은 어머니와 함께 집안 경제를 꾸려 나가기 위해 과로했기 때문인지도 모릅니다.

   전쟁은 미묘한 형태로 흙을 파먹어 들어가듯 야금야금 사람을 불행으로 몰아넣는 게 아닌가 하는 생각이 자꾸만 듭니다.

   이 세상에는 아직 전쟁 때문에 불행하게 사는 예가 수도 없이 많을 것입니다. 물론 전쟁과 관련이 없는 불행도 있을 것입니다.

   그러나 아무튼 어머니에게나 아들에게나 K씨 모자의 35년은 무척 시련 많은 세월이었다고 생각됩니다.

천국에는 전쟁이 없습니다

이런 이야기를 목사님께 들은 적이 있습니다.

어느 미국인 부부에게 아들이 하나 있었다. 그 아들은 점령군의 한 사람으로서 일본에 와 있었다.

때마침 그 무렵 6·25동란이 일어나서 그 아들은 한국으로 갔다. 가족들은 그의 안부를 걱정하고 있었는데, 얼마 후 서신이 끊겼다.

전사하지 않았나 걱정하던 차에 아들한테서 전화가 왔다. 아들이 부상당했다고 하자, 아버지는 당장 그 병원으로 마중 가겠다고 했다.

그런데 아들은 친구 하나를 데려가도 괜찮겠느냐고 물었다. 이에 아버지는 기꺼이 맞아들이겠다고 말했다.

그러자 아들은 그 친구는 두 다리가 절단되었다고 했다. 2, 3일이라면 기꺼이 맞아들이겠다고 아버지가 답하자, 아들이 말했다.

이삼일이 아니라, 평생 그 친구의 수발을 해 주기를 희망한다고 간곡히 말하자, 아버지는 당황해서 그건 곤란하니, 너 혼자 돌아오너라 하고 대답했다.

하지만 아들은 자기는 그 친구와 절대로 헤어질 수가 없다며, 이 조건을 승낙해 주지 않는다면 집에 돌아갈 수 없다고 완강히 주장했다.

아버지는 대답했다.

'조금 기다려 봐. 그건 훗날 반드시 트러블이 일어날 것이다. 지금 당장 결정 내리지 말자고.'

그래도 아들은 지금 결정해 달라고 했다. 아버지는 만나서 이야기하기로 하자며, 아무튼 찾아갈 테니, 그리 알라하고 전화를 끊었다.

아버지는 아들이 있는 병원을 찾아갔다. 병원에 도착하여 아들의 이름을 댔더니, 담당 직원이 짐 꾸러미를 아버지에게 건네주면서, 당신 아들의 유품이라고 말했다. 아들은 권총 자살한 것이다.

두 다리가 절단된 친구란, 바로 그의 아들이었다.

이 이야기를 우리는 어떻게 받아들여야 할까요?

이 부모와 자식 간의 관계가 평소 어떠했는지는 모릅니다. 아마 보통 이상으로 원만한 관계였지 싶습니다.

이 아버지의 언행을 탓할 사람이 이 세상에 있을까요?

어떤 부모든 이런 경우, 두 다리가 절단된 아들 친구를 평생 맞아들여 살겠다고는 말할 수 없지 않을까 싶습니다. 하지만 자기 자식이라면 서슴없이 맞아들이겠지요.

그러한 심정은 아들도 알고 있었으리라고 봅니다. 그런데도 아들은 자기 자신이라는 걸 밝히지 않고 주장한 것입니다. 그는 왜 대체 무엇을 생각했을까요?

두 다리를 절단하고 나서 귀국할 때까지, 그는 틀림없이 앞으로의 자기 일생에 닥쳐올 시련과 주위 사람들에게 끼칠 고통을 뼈에 사무치도록 느꼈을 것입니다.

설사 부모라도 내 자식이라면 맞아들이겠다는 본능적 사랑만으로는 안심이 안 되었는지도 모릅니다. 전혀 모르는 제3자까지 받아들일 만한 사랑이 없다면, 부모는 자기를 평생토록 돌봐주지 못하리라고 단정했는지도 모릅니다.

그렇지 않고서는 완강히 친구를 받아들이라고 말하지는 않았을 것입니다. 그는 필사적이었을 것입니다.

하지만 우리는 이 세상에 부모의 사랑만큼 큰 은혜는 없다고 생각하며 살고 있습니다.

부모이기 때문에 매일 밤 우는 아이도 끝까지 보살피는 것입니다. 남들이 자는 시간에도 갓난아기의 수발을 하는 것입니다.

갓난아기는 똥오줌을 아무 데나 쌉니다. 하지만 그 기저귀를 마다하지 않고 빨아대는 것이 엄마입니다.

만약 중병에 걸리거나 몸을 다치기라도 하면, 미친 사람처럼 하나님께 기도하고, 잠도 자지 않고 간호하는 것 역시 부모이기 때문에 하는 것입니다.

자기 자식이 갖고 싶어 하는 것은 자기가 먹고 입지 않고라도 주고 싶은 게 부모 마음입니다.

내게는 자식이 없지만, 이러한 부모들의 모습을 보고, 나는 부모에게 본능적 사랑을 내려 주신 하나님의 지혜가 얼마나 깊은가 절실히 느낍니다.

만약 이 본능적인 사랑이 없다면, 인간은 어떻게 될까요?

'내 자식이니'라는 사랑 없이, 오로지 남과 마찬가지로 자식을 다룬다면, 아이는 무사히 성장할 수 있을까요? 아마 성장하기 어려웠을 것입니다.

본능적 사랑이 없다면, 밤에 우는 아기는 성가신 존재에 불과할 것이고, 기저귀 빠는 것조차도 싫어질 것이고, 잠자지 않고 병간호하는 일 같은 건 상상도 할 수 없을 것입니다.

이 미국 청년의 부모는 아들의 친구라면 절대 받아들이지 않았을 것입니다. 내 자식이라면 두 다리가 없다는 걸 알았다고 해도 서슴없이 받아들였을 것입니다.

남에게라면 절대로 불가능한 사랑을 자기 자식에게는 쏟을 수 있다는 것이 바로 부모의 사랑입니다.

이만큼 강한 사랑 없이는 인간이 성장하지 못한다는 걸 하나님은 알고 계셨습니다. 우리는 이 부모의 사랑을 숭고한 사랑이라고 생각합니다. 그렇습니다.

하지만 자기 자식 외에는 줄 수 없는 사랑은 자기중심적인 사랑인지도 모릅니다.

이 청년은 대체 무슨 까닭에 부모의 사랑만으로는 안심할 수 없다고 생각했던 것일까요?

제아무리 강한 부모의 사랑이라도 한계가 있다는걸, 나 역시 오랫동안의 요양 중 몇 번이고 보아왔습니다. 사람들이 병문안 올

때마다 돈 없다고 투덜거리니, 결국 입원 환자가 자살한 일이 있었습니다.

부모의 사랑도 이해관계가 얽히면 변하는 게 아닌가 싶습니다. 재산 문제로 부모와 자식 간에 분쟁이 일어난다는 이야기는 흔히 듣는 바입니다.

어렸을 적에는 제아무리 귀여워했더라도, 일단 난폭한 행동을 하는 소년으로 성장하면, 더 이상 어찌할 수 없게 됩니다.

그뿐만 아니라, 도가 지나쳐 죽이기까지 하는 것도, 요즘은 그리 드문 일이 아닙니다. 자기에게 기분 좋게 대하는 자식이라면 끝까지 사랑할 수 있겠지만, 그 자식이 자기를 위협하는 불행의 원흉이 될 때는 증오로 변하기 마련입니다.

차라리 남의 자식이라면 용서할 수 있는 일도 자기 자식이기 때문에 용서하지 못하는 경우도 생기는 것입니다.

이렇게 생각할 때, 이 청년이 제기한 문제의 심각성에 부딪히는 것 같은 느낌이 듭니다. 부모의 사랑만으로는 안심할 수 없었던 이 청년의 죽음에 채찍질 당하는 것 같은 느낌입니다.

올 1981년은 '국제장애인의 해'로 갖가지 행사가 있었습니다. 이 국제장애인 해에 즈음하여, 우리가 생각해야 할 문제는 대체 무엇일까요?

안전한 시설물일까요? 편리한 기구일까요? 아니면 의료의 향상일까요?

물론 그러한 것들은 모두 필요하겠죠. 하지만 장애인들에게 가장 필요한 것은 사랑이 아닐까요?

더구나 그 사랑은 감상적인 동정이나 독단적 애정이 아니라 진정한 사랑일 겁니다.

하지만 그러한 사랑을 우리 인간은 지니고 있지 않습니다. 그런 까닭에, 지니고 있지 않다는 그 사실을 우선 깨닫지 않으면 안 되리라고 봅니다.

부모는 부모의 사랑밖에 지니고 있지 않습니다. 그것으로 충분하다고 봅니다. 하지만 진정한 사랑으로 살려면, 그것만으로는 불충분합니다. 이것은 상대방이 장애인이건 아니건 똑같이 말할 수 있을 것입니다.

기독교에서는 내 자식이라도 하나님이 맡겨 주신 것으로 생각하고 기르라고 말합니다.

다시 말해서 아기가 태어나는 순간, 이 아기는 내가 낳은 내 자식이 아니라, 하나님이 내게 맡겨 주신 온 세계의 자식으로써 받아들여야 한다는 것입니다. 이처럼 부모들에게 깨우쳐 주는 것은 부모 본성의 사랑만으로는 진정한 의미에서 자기 자식을 기를 수 없다는 것을 잘 알기 때문일 것입니다.

"내 자식을 내가 때리건, 차건, 내 맘대로다."
라는 생각을 품고 있는 부모가 적지 않습니다.

그러므로 남이 그것을 따지면 갑자기 흥분하여 덤벼듭니다.

또 내 자식에게 남이 주의 주는 걸 몹시 싫어합니다. 그것이 올바른 사랑이 아니라는 걸 알려고도 하지 않습니다.

그런 생각이 지나치면 제 자식의 목숨은 자기가 쥐고 있다고 착각합니다.

낙태도 그중 하나이고, 자식들과 함께 동반자살 하는 것도 그것이 발로입니다. 우리 인간은 자기 자신마저 올바르게 사랑할 수 없는 존재랍니다.

바라건대 이 미국 청년의 죽음이 제기한 문제를 당신 나름대로 생각해 보시기를 바랍니다.

나는 지금 테레사 수녀의 저 웃는 얼굴이 자꾸 떠오릅니다.

주여, 우리를 같이 있게 만드소서
우리가
가난과 굶주림 속에서 살다가 죽어가는
전 세계의 사람들에게
봉사할 수 있게 하소서.
우리의 손길을 통해서
이날에
그들에게 일용할 양식을 주소서
불쌍히 여기소서
우리의 이해심 있는 사랑을 통해서
그들에게 평화의 기쁨을 주소서
-마더 테레사의 기도문 '기도를 사랑하라'-

맑고 빛나는 이야기를 나누고 싶습니다

주신 편지 잘 받아보았습니다.

당신도 요즘 텔레비전이나 신문에서 자주 논의되고 있는 교과서 문제에 관해 젊은 어머니의 한 사람으로서 마음속 깊이 걱정하고 계시는군요.

"저는 그 당시 아직 태어나기 전이었으므로, 일본이 정말 다른 나라를 침략했는지 어떤지 잘 모르겠습니다. 또 전쟁이 끝난 걸 종전이라고 해야 옳은지, 패전이라 해야 옳은지조차도 알 수 없습니다. 그러나 저는 아이들에게 진실을 가르치고 싶을 뿐입니다. 선생께서는 제2차 대전 때 일본이 중국을 비롯한 여러 나라를 침략했다고 생각하시는지, 사실대로 가르쳐 주시길 바랍니다."

이 편지에서 나는 당신의 겸손함과 진실성을 느꼈습니다.

나는 어떤 사람으로부터,

"당신은 그래도 일본인인가요? 일본이 침략했다느니, 잔악한 행위를 했다느니 하고, 여기저기에다 써대는데, 당신에게는 애국심이 없는가요?"

이런 내용의 편지를 받은 일이 여러 번 있습니다.

이제부터는 더 빈번하게 '정말 넌 일본인이냐?' 하는 말을 들을 것 같은 생각에 마음의 혼란을 느낍니다.

그런데 얼마 전 사와지 히사에澤地久枝 씨의 강연회가 아사히카와에서 열렸습니다. 850명이면 꽉 차는 강당에 950명이나 들어왔었습니다. 사와지 씨의 이야기가 끝났을 때, 문자 그대로 우레같은 박수가 쏟아져 언제까지나 그칠 줄 몰랐습니다. 감동의 하모니였습니다.

사와지 씨는 심장 수술을 두 번이나 받은 몸이 약한 분입니다. 계단 오르는 걸 피해야 하고, 서서 이야기할 수도 없는 심장질환자입니다.

그런 분이 1시간 반 동안 진지하게 하신 말씀 전부를 여기에 적을 수는 없습니다만, 그 일부를 알려 드리겠습니다.

사와지 씨는 「또 하나의 만주」라는 논픽션에 쓴 바와 같이, 소년 시절을 만주에서 자란 분입니다.

이 사와지 씨가 지난해 만주를 방문하셨답니다. 항일 청년 한 사람의 생애와 그의 무참한 죽음을 조사하기 위해서였습니다.

그 취재 여행에서 사와지 씨는 일본이 저지른 온갖 끔찍한 잔학 행위를 중국인들의 입을 통해서 직접 들었다고 합니다. 혈육인 식구들이 눈앞에서 일본인의 손에 학살당한 이야기, 한 마을 사람들이 갓난아기부터 늙은이까지 몰살당한 이야기 등 소름이 끼치는 참혹한 이야기였다고 합니다.

전쟁이 끝난 지 40년이 되어가는 이 마당에, 아직도 그러한 끔찍한 기억을 지워 버리지 못하고 사는 사람들이 있다는 것을 사와지 씨는 새삼스럽게 알게 된 것입니다.

그런 사람들의 눈에서 지울 수 없는 슬픔과 원한을 보았다는 이야기도 사와지 씨는 했는데, 그건 당연한 일입니다.

우리는 전쟁이 패전으로 끝난 후에 비로소 남경南京대학살에 관한 이야기를 들었습니다. 어린아이를 칼로 찌르고, 임신부의 배를 가르고, 비전투원들을 한 건물 안에 몰아넣어 태워 죽인 학살의 참극을 들었습니다.

만약 우리나라에 다른 나라 군대가 난입해 와서 이러한 살육을 되풀이했다면, 우리는 그것을 '진출進出'했다고 말할까요? 아니면 침략당했다고 말할까요? 아니, 훨씬 더 강렬한 표현은 하지 않기로 하겠습니다.

일본 정부가 제아무리 침략이라는 말을 교과서에서 지워 버리려고 해도, 아직도 혈육의 무참한 죽음을 생각하며 비분悲憤하는 사람들이 수없이 많습니다. 그 사람들의 가슴에서 침략이라는 말을 어떻게 지워 버릴 수 있단 말입니까?

학문과 역사는 진실하고 거짓이 없어야 합니다. 특히, 역사는 정부의 형편에 맞춰 제멋대로 뜯어고치는 낙서가 되어서는 안 됩니다. 하나 더하기 하나는 둘이어야 합니다.

하지만 하나 더하기 하나가 다섯이라는 교과서가 만약 있다면, 당신은 그 교과서를 자식들에게 보여줄 수 있겠습니까?

누가 보아도 분명한 침략을 '진출'이라는 말로 바꾸는 것은 하나 더하기 하나는 다섯이라고 하는 것과 똑같은 해답으로써, 과연 하나 더하기 하나가 다섯이라고 우기는 게 애국심일까요? 나는 도저히 그렇게 생각하지 못하겠습니다.

우리나라가 어떤 길을 걸어왔는지, 그 진실을 우리는 알아야 할 의무가 있습니다. 그리하여 잘못 걸어 왔다면, 그 책임을 져야 할 것입니다.

아니면, 당신은 자식들이 하는 짓이면, 뭐든지 옳다고 하는 게 부모의 사랑이라고 생각하십니까?

약자를 골탕 먹이든, 몸이 부자연스러운 사람의 흉내를 내어, 그 사람들의 얼굴을 뜨겁게 하든, 남에게 난폭한 짓을 하든, 남의 집에 불을 지르든 간에, 잠자코 구경 삼아 보고 있는 게 진정한 사랑이라고 생각하십니까?

나는 「해령海嶺」이라는 소설을 쓰기 위해 런던에 간 일이 있습니다. 그때 런던 타워에 갔었습니다.

귀족들이 유폐된, 말하자면 고등 감옥이라고 할 수 있는 장소가 런던 타워였습니다. 나는 그곳에서 놀라운 일을 알게 되었습니다.

국왕 헨리 8세가 자기의 정욕을 충족시키기 위해 아무 잘못이 없는 왕녀를 넷이나 런던 타워에서 목을 잘랐다는 것입니다.

나는 안내자가 그 설명을 해주었을 때, '아, 이 나라에는 하나님을 두려워하는 사람이 적지 않구나.' 하고 생각했습니다.

만약 일본에서 이러한 일이 일어났다면, 이렇게 당당히 말을 전할 수 있을까요?

「구약성경」을 읽어보면, 이스라엘 왕들의 악행이 수없이 적혀 있습니다. 그들이 가장 사랑하고 존경하는 다윗 왕의 악행까지 하나도 빠짐없이 기록하고 있습니다.

그렇다고 영국 사람들이나 이스라엘 사람들이 애국심이 없다고는 할 수 없을 겁니다. 그들 역시 나라에 대한 열렬한 애국심을 지니고 있을 것입니다.

하지만 진실은 숨김없이 전해져야 합니다. 물론 나는 세계 모든 나라의 역사에 밝은 사람이 아니므로, 얼마나 진실하게 기록했는지는 모릅니다. 그렇지만 일본에서라면 숨겨졌을 사실이 분명히 밝혀져 있는 것으로 보입니다.

그렇다면, 나라를 사랑한다는 것은, 대체 어떤 것을 말하는 걸까요? 그때그때 정부가 하는 대로 잠자코 승복하는 걸까요?

'침략은 아니었다, 진출이었다.'라고 정부가 말하면, '그렇다, 그대로다.' 하고 손뼉 치고, '전쟁은 진 게 아니라, 단지 끝났을 뿐이다.'라고 말하면, 그렇다 하고 무조건 수긍하는 일일까요?

당신은 그 당시 태어나기 전이었다니, 전쟁 중의 일은 아무것도 모를 것입니다. 하지만 그때 20대였던 나는, 당시 국민이 우리나라를 얼마나 신뢰하고 자랑스럽게 여겼는지 잘 알고 있습니다.

나라를 위해 죽는다는 것은 남성은 물론, 우리 여성도 최상의 명예로 생각했습니다. 그리하여 승리를 빌기 위해 자주 신사 참배를 하고, 위문대를 전선에 보내고, 흔적도 없이 감춘 식량 결핍에도 불평하지 않았습니다.

아니, 식량은 약과이고, 외아들이 전사해도, 일생 반려자인 남편을 싸움터에서 잃어도 '나라를 위해서다.' 하고 이를 악물고 그 슬픔을 견딘 것입니다.

그러한 순수한 심정을 우리 국민은 전쟁에 이용당한 것입니다.

그리고 전쟁에서 지고 만 것입니다.

　우리 서민은 전쟁이 어떤 부류 사람들이 돈을 버는 수단으로 이용했다고는 꿈에도 생각지 않았습니다. 그때 전쟁을 반대한 사람이 있었다면, 그 사람이야말로 진정한 의미에서 애국자였을 것입니다. 그런 사람도 극소수이긴 하지만 있었습니다.

　하지만 그 사람들은 나라에서 하는 일을 잘못이라고 평했다가 투옥되고 고문당하고 옥사하기까지 했습니다. 진정한 애국자는 그들이었습니다.

　나라에서 하는 일이라고 해서 무턱대고 수긍하는 것은 나라가 소중해서 그러는 것이 아니라, 자기 몸을 소중히 여기는 사람들이 하는 행위입니다.

　만약 제2차 대전 때 일본인 모두가 싸우기를 거부했더라면 원자폭탄 세례도 안 받았을 것이고, 수백만의 사람도 죽지 않았을 것입니다. 아니, 더 나아가서 다른 나라 사람들도 살해되지 않았을 것입니다.

　아무튼 일본이 저지른 죄를 아는 사람들이 침략은 침략이라고 말하고, 피해자는 패전이라고 말하고 있습니다. 하지만 그 수가 차츰 줄어가는 것 같은 예감에 나는 죄를 짓고 있는 마음입니다.

　이런 나의 대답으로 납득이 가셨을지 모르겠습니다.

　우리나라와 세계의 평화를 빌면서.

무엇으로 내일을 기다리는가

임신했을 때, 우리 여성은 어떤 생각들을 할까요?

그럼, 당신은 어떤 생각을 하셨나요? 남편하고 무슨 이야기를 나누셨나요?

아들을 낳았으면 좋겠다던가, 딸을 낳았으면 좋겠다든가, 얼굴은 엄마인 나를 닮고, 머리는 아빠를 닮았으면 좋겠다던가, 아니, 얼굴이나 머리보다도 순진한 성격이 더 중요하다거나, 낮이고 밤이고 아기 생각만 하고 있었던 건 아닌가요?

특히 첫아이일 경우에는 태어날 아기에 대한 기대감으로, 부모들은 너나없이 가슴이 부풀어 있는 게 당연합니다.

나는 오빠 셋에 언니 하나 있을 때 태어났습니다. 다시 말해서 다섯째로 태어난 것입니다.

그 후 남동생 셋에다 여동생 하나가 더 태어나 십 남매가 되었는데, 어머니가 자주 이렇게 말씀하시던 걸 기억하고 있습니다.
 "위로 아들 셋을 낳았기 때문에 네 번째로 유리코百合子가 태어났을 땐 참으로 기뻤어."
라는 말을 몇 번이고 듣는 동안, 내가 태어났을 때, 어머니는 어떤 생각을 하셨을까 궁금했습니다.
 다섯째는 사내아이가 좋겠다고 생각했는지, 혹은 계속해서 계집애를 바랐는지, 사내아이든 계집애든 가릴 것 없다고 생각했는지 무척 궁금했습니다.
 그 뒤, 나는 끝내 계집애를 낳아서 기뻤다는 말을 어머니의 입을 통해서 들은 적이 없습니다. 그렇다고 그 일을 원망스럽게 생각한 적도 없었지만, 기대했던 대로 여자로 태어난 언니는 어머니를 무척 기쁘게 해드려서 태어날 때부터 이미 효도를 다 했다고, 나는 늘 생각했습니다.
 거기다가 귀염둥이 언니는 살결이 희고 귀엽고 상냥한 여자아이로 자랐습니다.
 한편 나는 눈이 왕방울이고 코까지 납작해서 아무리 보아도 귀여운 구석이라고는 안 보였으므로, 어머니의 기대에 어긋났는지도 모르겠습니다.
 이런 말을 하면, 그건 아기를 낳아 본 일이 없어서 모를 것이라고 말할지도 모르겠습니다. 아마 그렇긴 하겠지요. 얼굴이 잘생기고 못생기고는 안중에 없을지도 모릅니다.
 나의 부모님은 언니와 나를 똑같이 귀여워하셨다고 믿습니다. 아니, 아버지는 언니보다도 나를 더 귀여워해 주셨지 싶습니다.
 이야기가 약간 빗나갔는데, 내가 말하고 싶었던 것은 앞으로 태어날 자식에게 부모는 그 나름의 기대가 있지 않은가 하는 것입니다.

하지만 태어난 아이가 반드시 기대에 어긋나지 않을지 어떨지는 모를 일입니다.

물론 솔개가 매를 낳았다는 비유도 있는 만큼 돌연변이처럼 아주 뛰어난 두뇌를 가진 아이가 태어나기도 하고, 눈부신 미남 미녀가 태어나기도 하고, 부모들과는 달리 몸가짐이 단정한 자식이 태어나는 일도 없지는 않을 것입니다.

그렇지만 이 세상에는 생각지도 않았던 자식을 갖기도 합니다. 정신박약, 뇌성마비나 1급 심신 장애자, 그리고 태어날 때부터 눈이 안 보이고 귀가 안 들리는 아기 등입니다.

나는 유아원에서 태어날 때부터 다리가 없는 아기를 본 일이 있습니다. 귀가 없는 아기와 마주친 일도 있습니다. 이 아기들의 어머니는 날마다 어떤 심경으로 지낼까요? 그것은 부모가 아니고서는 알 수 없는 고뇌의 아픔이라고 생각됩니다.

올 8월, 우리 교회의 예전 목사님이었던 츠네다 지로常田二郞 선생이 아시야芦屋 시市에서 아사히카와로 오신 일이 있습니다.

이 목사님은 종전 전부터 종전 후에 걸쳐 14년간 아사히카와 6조條 교회를 이끌고 나가신 분인데, 아주 따뜻한 마음을 지닌 이름난 목사님이십니다. 이야기하는 방식도 흥미진진하여 가슴에 스며드는 말씀을 잘하십니다.

올해도 이틀에 걸쳐 감동적인 말씀을 하셨습니다. 여기에 그중 일부를 전해 드리겠습니다.

츠네다 선생의 목소리와 표정을 그대로 전해 드리지 못하는 것은 유감입니다만, 일단 들어 주시길 바랍니다.

이 이야기는 올해 선생께서 태어난 고장인 LA를 방문했을 때 듣고 본 사실이랍니다.

LA의 어느 교회에 신앙이 두터운 부부 한 쌍이 있었는데, 그 부부에게는 아기가 없었습니다. 아기를 무척 좋아하는 그들 부부는 십수 년이라는 오랜 세월 동안 아기를 갖게 해 달라고 계속 기도해 왔습니다. 그 기도는 매우 애절했습니다.

1년, 3년, 5년, 7년 날이면 날마다 부부는 계속 기도했습니다. 보통 5년쯤 기도해도 응답이 없으면 체념해 버리는 게 상례입니다. 그런데 이 부부는 체념하지 않았답니다.

기도에는 반드시 응답이 있으리라고 하나님을 믿고 기도했답니다. 10년이 지났습니다. 하지만 아이는 낳지 못했습니다. 그래도 두 사람은 계속 기도했습니다.

이렇게 해서 15년째에 기적이 일어났습니다. 이젠 결코 아이를 갖지 못하리라고 주위 사람들도 체념했던 그 아내가 임신한 것입니다.

임신한 것을 알았을 때 두 사람의 기쁨은 얼마나 컸겠습니까?

아내의 나이는 아기를 낳기에는 약간 많았던 것 같습니다. 이른바 '늦둥이'로, 무사히 아이를 낳을 수 있을지, 그것도 걱정되기는 했지만, 부부의 나날은 장밋빛이었습니다.

앞으로 태어날 아기에 대한 사랑이 집 안 구석구석까지 감돌고 있었습니다. 배냇저고리와 장난감과 아기침대 등 많은 물건이 아기의 탄생을 기다리고 있었습니다.

그러한 용품들은 이 집에서는 볼 수 없으리라고 누구나 다 생각하던 것들입니다. 이 집에 아기의 목소리가 쩡쩡 울릴 날이 그리 멀지 않았습니다. 부부는 행복했습니다.

이윽고 기다리던 출산 날이 왔습니다. 무사히 출산을 마치고 아기는 간호사의 팔에 안겨 다른 방으로 갔습니다.

잠시 후 남편이 불려 갔습니다.

처음으로 자식을 보는 기쁨에 울렁거리는 가슴을 누르며 남편은 아기가 있는 방으로 갔습니다.

그런데 이건 무슨 날벼락입니까? 너무나도 보기 흉한 사건이 기다리고 있었습니다. 아기를 본 남편의 얼굴은 창백해졌고 몸이 떨렸습니다.

그 아기의 얼굴은 차마 눈 뜨고는 볼 수 없는 기형이었습니다. 십수 년간 계속 기도해서 얻은 아기가 기형아였습니다.

남편으로서 그 아기를 아내에게 보이는 건 도저히 견딜 수 없는 일이었습니다. 아내에게 보이지 않고 넘길 방도는 없을까 궁리했습니다.

하지만 간호사는 벌써 아기를 안고 아내가 있는 병실로 걸어가고 있었습니다. 남편은 아내가 받을 충격을 걱정하면서 맥이 풀려 고개를 숙이고 그 뒤를 따랐습니다.

간호사에게 안겨 아기가 병실로 들어오는 걸 본 아내는 기쁨의 환승을 질렀습니다. 하지만 간호사가 아기 얼굴을 덮었던 수건을 벗긴 순간 아내의 얼굴은 굳어졌습니다. 경악한 나머지 말조차 나오지 않았습니다.

아내는 시선을 돌려 벽만 쳐다보고 있었습니다. 이런 분위기에

서 얼마간 침묵이 계속되었습니다. 조금 후에 아내는 조용히 남편을 보고,

"여보, 이런 아기를 낳아서 면목 없어요."
하고 마음에서 우러나는 사과를 하고, 이어서 낮은 음성으로,

"있잖아요, 여보, 하나님은 꽤 오랜 시간 동안, 이 아기를 어느 집에다 태어나게 해야 하나 망설이고 계셨을 거예요. 어떤 부부에게 이 아기를 맡길까 궁리하셨을 거예요. 그 결과 우리 부부에게 맡기기로 결심하셨으리라고 봐요. 하나님이 우리 부부를 선택하신 거예요. 그러니 하나님의 뜻에 보답해서 이 아기를 건강하게 길러 나갑시다."
라고 말했던 것입니다.

이 얼마나 감동 어린 말입니까? 십수 년을 계속 기도해 온 사람이 아니고서야 할 수 없는 말이 아닐까요?

오랜 세월 기도해 왔기 때문에, 그 기도에 응답해 주신 하나님의 뜻을 이처럼 감사하며 받아들일 수 있었던 것입니다. 참으로 가슴 때리는 말이 아니고 무엇입니까?

나 같으면 어떤 말이 튀어나왔을지 모르겠습니다. 새삼 나 자신을 돌아보고 부끄러운 마음 금할 수 없습니다.

생각해 보면 자기 자식뿐 아니라 남편도, 부모 형제도, 시부모도, 동료도, 이웃도 모두 하나님이 주신 사람들이라고 할 수 있겠습니다. 진심으로 그렇게 생각할 때, 우리의 인생은 새로운 모습으로 달라지지 않을까 싶습니다.

아무튼 뜻하지 않았던 일이 일어나더라도, 서로 실망하지 말고 살아야 하지 않겠습니까? 주님의 은총이 함께하시기를.

바람은 목적 없이도 숲속의 나무를 키운다

　말씀하신 대로, 어린애가 세상 물정을 알게 되면 여러 가지 문제가 생기는 것은 당연하다고 생각합니다.
　당신이 아이를 나무라면, 남편이,
　"아직 어린데, 그렇게 엄하게 다룰 필요는 없어."
하고 반대로 당신을 나무라기도 하고,
　"그 정도의 일은 내버려둬."
하고 반대하신다니, 무척 힘이 드시겠네요. 모르긴 하지만, 이런 일은 어느 가정에나 있는 일이 아닌가 싶습니다.
　나는 7년간 초등학교 교사로 교단에 선 일이 있습니다. 매우 엄한 교사로, 학생들을 자주 나무라곤 했었지요.
　하지만 지금 생각하면 학생들에게 땅에 손을 짚고 사과하고 싶은 부족한 교사였습니다.

아직 만 17세도 안 되어 교사가 되었으니, 아무런 견식도 없었습니다. 수업 중에 잡담하거나 곁눈질만 해도 꾸중했고, 복도를 뛰어다니거나 싸워도 야단을 쳤습니다.

공부 시간에 잡담을 좀 하거나 곁눈질했다고 해서 일일이 나무랄 필요는 없었습니다. 복도를 뛰어다니는 것은 원기 왕성한 아이들에게는 흔히 있는 일이고, 아이들끼리의 잦은 싸움도 그들을 성장시키는 생활의 한 토막입니다. 그런 사실을 나는 몰랐습니다.

그래도 경험을 쌓아감에 따라 학생들을 나무라는 기준 같은 것을 생각해 냈습니다.

이를테면 '왕따시키는 행위'만은 절대로 용납하지 않았습니다. 책상을 나란히 놓고 함께 공부하는 친구를, 설사 어떤 이유가 있다 하더라도 따돌리는 행위는 용서하지 않았습니다.

당신은 첫아이에게 어떻게 했으면 좋을지 모르는 상태에 있는 것 같은데, 풋내기 교사였던 내가 무분별하게 아이들을 나무랐던 것처럼, 어떤 방법으로든 착한 아이를 기르고 싶은 마음에 초조하게 생각하고 계시는지도 모르겠습니다.

아마도 육아에 관한 책을 통해, 아이를 훈육하는 방법 등을 틀림없이 공부하고 계시리라 봅니다. 하지만 그것이 몸에 배지 않았는지도 모르겠습니다. 그러니 남편과 한번 상의를 하시는 게 좋을 듯싶네요.

그리하여 이럴 때는 꼭 나무라야 한다는 하나의 기준을 세워보면 어떨까요? 물론 어린애는 살아있는 생물이기 때문에 뜻밖의 일을 저지를 때도 있겠지만, 기준을 세워두면 어머니로서 마음이 차분해질 것이고, 어린아이의 정서도 안정되리라고 봅니다.

나는 요즘 '소설 신아사小說新潮 지誌'에 「사랑의 귀재鬼才」라는 전기를 연재하고 있습니다.

그 제목이 말해 주는 바와 같이, 매우 아름다운 사랑을 지녔던 사람의 이야기입니다.

이분은 자기 자식과 제자들, 그리고 고용인을 나무라는 데, 다음과 같은 기준을 세워놓고 있었습니다.

1. 책임을 다하지 않았을 때
2. 거짓말했을 때
3. 다른 사람에게 불친절할 때
4. 자기의 잘못을 고의로 숨길 때

이상의 네 가지 기준이었습니다.

아주 어린 아이일지라도 장난감을 정리하라는 말에 '예' 하고 대답한 이상, 그 책임을 다해야 합니다.

그리고 그 책임을 다하게 만드는 것은 교육의 중요함입니다. '아직 나이가 어리니' '아직 아무것도 모르기 때문에' '부모가 해주는 게 더 편하기 때문에' 하는 식으로 부모 스스로가 책임을 회피하도록 만들어서는 큰일입니다.

책임을 다하는 것 중에는 약속을 지키는 일도 포함되어 있습니다. 자기가 한 말에 책임을 갖게 하는 것이 얼마나 중요한 일인가를, 우리는 어른들의 세계를 통해서 날마다 뼈저리도록 느낍니다.

거짓말도 엄한 윤리관을 부모 스스로가 지니고 있지 않으면, 적당히 취급해 버릴지도 모르겠습니다.

거짓말하면 반드시 야단맞는다는 사실을 알면, 아이는 바른말만 하는 용기를 갖게 될 것입니다. 거짓말은 자기 몸을 보호하려는 의도적인 행위이므로, 부모도 그 꾸중하는 방법을 잘 반성하지 않으면 안 되리라고 봅니다.

이를테면 친구를 때렸다던가, 남이 가지고 있는 과자를 빼앗았다든가 하는 잘못을 정직하게 알려왔을 때는, 그 정직함을 칭찬하면서 잘 타이르는 태도를 보여야 하리라고 여겨집니다.

거짓말한 것을 꾸중하는 이상 부모의 생각 자체가 튼튼히 서 있지 않으면, 오히려 '거짓말하는 편이 더 이익이다.' 하는 그릇된 성격으로 만들어 버릴는지도 모릅니다.

세 번째, 다른 사람에게 불친절할 때, 버릇없는 행동을 취했을 경우 꾸중한다는 것도 중요한 일이라고 생각합니다.

단, 이 역시도 부모 자신부터 정말로 친절한 사람이 아니면 불가능한 일 아닐까요? 왕왕 어린아이가 부모들보다 친절한 예도 있습니다. 그럴 때 부모는,

"그런 간섭은 안 해도 돼."

하고 그 친절의 싹을 꺾어버리는 일도 있을 수 있습니다.

전기소설 「사랑의 귀재」의 주인공은 매우 친절한 부모 밑에서 자랐습니다.

그의 집은 우유 배달을 하는 집이었는데, 환자나 가난한 임신부가 있는 가정에는 날마다 무료로 우유를 배달해 주기도 하고, 몇 사람이 됐든 어려운 처지에 있는 사람이 있으면 부담 없이 숙식을 제공해 주기도 했습니다.

그런 까닭에 이 주인공의 친절은 수준이 매우 높았다고 봅니다. 우리가 흔히 생각하는 친절과는 수준이 다를지도 모릅니다.

"남에게는 친절히 해야 하는 법이야."

하는 말을 들으면서 성장하는 것은, 어린아이에게 자기중심이 아닌 삶을 보여 주는 중요한 일이라고 생각합니다.

맨 마지막의 '자기의 잘못을 고의로 숨길 때', 이것은 거짓말이나 무책임과도 비슷하지만, 우리가 평소 저지르기 쉬운 잘못이 틀림없습니다.

확실히 자기가 나쁜데도 그 잘못을 인정하지 않는 것은, 오만하기 때문인지도 모릅니다. '나는 올바르다'는 생각으로 살아가려 할 때, 우리는 문제의 핵심을 바꾸거나 남의 탓으로 돌려 그 잘못으로부터 도망치려고 하는지도 모릅니다. 이것은 오만이며, 비열한 행위입니다.

아무튼 꾸짖거나 타이르는 기준은 개개인의 삶에 대한 견해나 인간관人間觀에 영향을 받습니다. 이웃집에서 꾸중을 듣지 않을 일이 집에서는 꾸중을 듣는 경우도 있을 것입니다.

부모 스스로가 정말로 무엇을 나무라야 할지 깊이 파고들어 이야기를 나눈 다음, 그것을 결정하지 않으면 어린아이에게 부담이 될 것입니다.

어머니가 나무라야 할 일을, 아버지가 안이하게 못 본 체한다면 어린아이로서는 뭐가 뭔지 잘 모를 것입니다.

최근에 나는 이와나미서점岩波書店26)에서 출간한 「토라寅 씨의 교육론」이라는 책을 읽었습니다.

아츠미 키요시渥美清 씨가 나오는 '토라' 씨는 유명하므로 당신도 알고 계실 겁니다. 저자는 영화감독 야마다 요오지山田洋次 씨입니다.

---

26) 일본의 유명한 세계적인 출판사

이 책은 격조 높은 내용으로, 아주 고귀하고 풍부한 마음가짐으로 쓴 것입니다. 야마다 감독이 배우를 훈계하는 건 어떤 경우인지, 이것을 읽고 얻은 바가 매우 컸습니다.

"… 때로는 정말로 화를 내지 않으면 안 될 때도 있다. 그것은 배우가 자신감이 과도할 때다. 자기는 연극을 잘한다고 거들먹거리는 사람에게는 몹시 엄하게 나무라는 게 좋아."

어떻습니까? 이 말은 누구에게나 들어맞는 말 아닙니까?

어린아이도, '나는 머리가 좋다' '나는 힘이 세다' '나는 얼굴이 예쁘다' 하고 자신감 과잉에 빠지는 일이 있을 겁니다.

하지만 그것을 나무랄 수 있는 부모는 그 수가 적을지도 모르겠습니다.

왜냐하면 부모란 자기 자식만큼 귀여운 존재는 없다고 믿는 법이기 때문입니다.

'넌 머리가 좋다' '넌 귀엽다' '넌 무엇이든 할 수 있다' 하고 자기 자식을 자신 과잉으로 만드는 건 오히려 부모인지도 모르기 때문입니다.

자신감 과잉이 어째서 나쁠까요? 그것은 남한테서 손가락질 한 번 당하지 않겠다는 마음의 발로이기 때문입니다.

어느 정도 자신을 갖는다는 것은 살아가는 데 중요한 요소인지도 모릅니다. 하지만 자신감 과잉인 사람은 분명히 오만합니다.

'나는 올바르다' '나는 수재다' '나는 미인이다' 하는 생각을 하는 사람만큼 보기 흉한 존재는 없습니다.

우리가 흔히 빠져드는 자기중심의 전형입니다. 자신 과잉인 배우를 나무랄 수 있는 견식을 가지고 있는 야마다 감독은 겸손이 얼마나 중요한 덕목인가를 정말로 아는 분이 아닌가 싶습니다.
자, 그럼, 당신은 어떤 경우에 아이를 나무라시렵니까?
지혜로운 판단으로 아이의 삶을 가꾸시길 바랍니다.

어머니는 영혼의 길잡이

3월로 접어들었는데도, 변함없이 영하 20도 가까운 아침이 이어지고 있습니다.

하지만 낮이 되면 유리창 너머로 들어오는 햇살이 머리에 약간의 따뜻함을 느낄 정도여서 난방을 끄는 일이 많아졌습니다. 계시는 곳의 3월의 날씨는 어떠신가요?

그럼, 오늘은 '아야'라는 유아에 관한 이야기를 해 볼까요. 아야는 올해 여섯 살입니다. 아버지는 학자이신데, 지금 외국에 유학 중이고, 어머니 F코 씨는 매우 순수한 기독교인입니다.

F코 씨는 나의 열렬한 팬으로, 아야가 커가는 모습을 때때로 편지나 전화로 전해오는데, 그럴 때마다 나는 크게 감동합니다.

그 편지를 빌어 F코 씨 모녀의 모습을 소개하겠습니다.

'신앙이란 빛 속에 내 몸을 맡겨, 하나님의 사랑을 받음으로써 삶이 개조되어 가는 실감이 날마다 나를 즐겁게 하고, 기쁨에 가득 차게 합니다.

어째서 나는 기쁨을 참지 못하는가? 기도하는 동안 딸아이가 말했습니다.

"엄마, 아야는요, 뉴스가 싫어요. 뉴스를 듣고 있으면요, 나는 머리가 바보가 돼 버려요. 듣기 싫어요. 빨리 꺼요!"

저는 거의 텔레비전을 보지 않지만, 딸아이를 위해 30분간 어린이 프로, 그리고 저를 위해서는 뉴스만 15분가량 봅니다. 이때 아야는 울음을 터뜨릴 것처럼, 그렇게 말한 것입니다.'

여기까지 당신은 어떤 생각이 드십니까?

나는 아야 어린이가 뉴스를 보고 싶지 않다고 하는 것은, 국회의 상황이나 세계의 상황은, 아직 여섯 살도 안 된 아야가 이해하기는 힘들기 때문이며, 방송 내용이 너무 어렵기 때문이리라. 그래서,

"머리가 바보가 돼 버린다."

고 말했다고 생각했었습니다. 하지만 나는 아야를 어느 정도 알고 있기에,

'꼭 그렇지만은 않을지도 모른다.'

고 잠깐 생각하면서 읽어 내려갔습니다.

그때 뉴스의 내용은,

'여자아이는 엄마가 밤에 일하러 나가서 집을 비운 사이에 불에

타 죽음, 살인, 교내 폭력, 강도' 등이었습니다.

딸아이는 저에게,

"머리가 이상해져요, 엄마. 눈물이 나려고 해요. 머리가 바보가 되는 것 같아."

라고도 했습니다.

그 아이는 비통한 사건 하나하나를 자기의 아픔으로 받아들이고 있는 게 틀림없습니다. 저는 그 후부터 텔레비전에서 뉴스를 들으려고 하지 않았습니다.

이 편지를 읽으면서, 나는 숨을 죽였습니다.

나는 어린아이가 이처럼 화재나 교통사고, 폭력과 살인사건 등에 크게 마음의 아픔을 느낄 줄은 몰랐습니다.

생각해 보면, 어른인 나는 어른의 감각으로 타살도, 자살도, 교통사고도 단순하게 받아들이고 있었던 것에 불과합니다.

부끄러운 이야기지만, 나는 아야와 같은 보드라운 마음을 먼 옛날에 이미 상실해 버렸기 때문에, 자칫 뉴스를 보는 눈이나 모든 걸 보는 눈이 둔해져 있었습니다.

자살하는 당사자는 얼마나 고통스러울까? 살해당한 사람의 공포와 울분, 그리고 사람을 죽인 사람의 인생에 깊은 아픔을 느끼는 일이 줄어들고 있었습니다.

남의 아픔을 느끼기에 앞서 흥미 본위로 되거나 냉담하고 비판적이었습니다. 그런 까닭에 어지간한 일에는 놀라지 않게 되었고, 마음 밑바닥에서는 훨씬 더 놀라고 싶은 생각마저 품고 있었던 것 같습니다.

눈앞에 충분히 놀랄만한 비참한 일이 일어났는데도, 그런 일을 예사로 알게 된다는 것은 얼마나 무서운 인간성의 상실입니까?

교통사고건 화재건 그런 일을 자기가 직접 당했다면, 이건 큰일 났다는 말 따위로는 도저히 형용 못 할 사건입니다.

누군가에게 돌이킬 수 없는 중대한 사건이 일어났는데도, 그런 일을 예사로 아는 것은 문자 그대로 인정머리가 없는 일입니다.

아야에 관해 F코 씨는 다음과 같은 사연도 적어 보냈습니다.

'아야는 자기 전 기도에,
"하나님, 제발 도둑놈이 들어오지 않게 해 주세요. 외국에 계시는 아빠의 호텔에도, 아야의 집에도 불이 나지 않도록 해 주세요. 그리고 나쁜 사람이 없어지도록 해 주세요."
하고 기도합니다.

딸아이는 이 세상을 눈물 없이는 못 살아갈 성질을 타고난 것 같아요.'

얼마나 근사한 모습입니까!

인간은 원래, 아야와 같이 무서운 것은 무섭고, 보기 흉한 것은 보기 흉하고, 비참한 것은 비참하다고 느끼는 넋을 하나님에게 받았는지도 모릅니다.

하지만 인간은 선善보다는 악惡을 더 좋아하는 기질도 있어, 점차 추한 인간으로 변해가는 것일까요?

그건 그렇고, 뉴스를 보고 싶지 않다고 할 뿐 아니라, 그런 일이 이 세상에 일어나지 않도록 고사리손을 모아 밤마다 기도하는 이 아야는 얼마나 축복받은 어린이일까요?
도대체 어떻게 하면 이처럼 보드라운 영혼을 가질 수 있을까요?
F코 씨의 편지 속에 그 비밀이 숨겨져 있습니다.

'저는 아야에게 성경을 읽어주었습니다.

정말로 형제들아 너희는 우리를 위하여 기도하기를 주의 말씀이 너희 가운데서와 같이 달음질하여 영광스럽게 되고 또한 우리를 무리하고 악한 사람들에게서 건지옵소서 하라 믿음은 모든 사람의 것이 아님이라 주는 미쁘사 너희를 굳게 하시고 악한 자에게서 지키시리라(데살로니가 후서 제3장 1~3절)'

나는 무의식중에 감탄했습니다.
아직 초등학교에도 안 들어간 아야가 이 성경 구절을 얼마나 이해했는지는 모르겠습니다.
아마도 그 어머니는 쉽게 설명해 주었겠지만, 아야가 알거나 모르거나 읽어주지 않고는 배길 수 없었던 그 깊은 어머니의 사랑을 느끼고, 나는 감탄하는 것입니다.
어머니는 자식 넋의 인도자가 틀림없군요. 자식은 어머니의 말을 듣고 어머니가 하는 행동을 보고 자라는 게 아니겠어요? 자기 자식을 위해 성경책을 펴 읽어주면서,
"여기, 하나님은 지켜주신다고 쓰여 있잖아? 그러니까 안심하는 거야."
하고 말해주는 엄마의 말에 아야의 영혼은 말로는 표현할 수 없는

안도감을 틀림없이 가졌을 것입니다.

 잘은 모르지만, 성경이라는 책 한 권이 무슨 일이 생겼을 때마다 읽힘으로써, 이 책이 자기에게 없어서는 안 될 소중한 것이라고 느끼게 되는지도 모릅니다.

 이 아야는 혼자서 소꿉장난할 때도,

 "하나님, 아빠 엄마를 지켜주세요. 친구의 병을 낫게 해 주세요."

하고 자주 기도한다고 합니다. 또 친구하고 놀다가도 친구가 이상하게 생각할 정도로,

 "미안해, 미안해."

하고 사과한다고 합니다.

 어린이는 부모를 본받으며 자랍니다. 아야는 하나님께 기도하는 엄마를 본받아 소꿉장난하면서도 기도하는 게 아닌가 싶어요.

 또 늘 '죄송해요' 하고 남편에게 사과하는 엄마를 보고 자랐기 때문에, 아야 역시 '미안해'라는 말을 친구에게 하는 것은 아닌가 싶네요.

 교내 폭력, 가정폭력이 문제가 되는 어제오늘, 이 아야 모녀의 자세는, 우리에게 하나의 지침이 되지 않을까요?

 언젠가도 말씀드렸는지 모르지만, '부모는 바늘이고, 자식은 실'이라는 말을 흔히 듣습니다. 바늘이 똑바로 나아가면 그 박음질도 똑바르게 됩니다. 바늘이 갈지_之자로 지나가면 기운 자리도 똑같이 갈지자가 됩니다. 그러므로 이 사회를 조성하고 있는 우리 어른들은 무책임하게 살면 안 되지 않나 하는 생각이 드는군요.

 그럼, 몸조심하시도록.

이 책을 끝내면서

1980년 4월부터 1983년 9월까지 「아야코의 편지」라는 제목으로, 편지 형식의 수필을 쇼각간小學館 발행 월간지 「마미이」에 연재했다.

연재하는 동안 세 번 쉬었다. 그중 두 번은 1980년 대상포진에 걸려 입원했기 때문이었다. 실명의 우려마저 있었던, 오른쪽 안면의 심한 대상포진이었다. 그때,

"혹 암일지도 모르겠다."

라고 의사가 말했는데, 그 예언이 적중하여 2년 후 직장암 수술을 받았다.

그 무렵에도 한 번 쉬었다. 모두 39편을 연재했는데, 두 편을 빼고 37편을 이 책에 수록했다.

이 수필을 편지 형식으로 한 것은, 편지가 내 생활에 직간접으

로 밀착해 있기 때문이다.

　나에게는 날마다 독자들로부터 많은 편지가 온다. 그 하나하나가 갖가지 문제를 안고 있어, 언제나 이에 대한 회답이 원고 매수를 웃돌고 있다.

　독자가 100명이라면, 그 100명 한 사람 한 사람이 제각기 문제를 안고 허덕이고 있다. 그것이 우리가 사는 이 세상의 현실이 아닌가, 나는 생각한다.

　이 책에서 언급하지는 않았지만, 정말로 심각한 문제를 안고 있는 사람도 적잖이 있었다.

　이를테면 근친상간이 그것이다. 어머니가 아들하고, 아버지가 딸과 육체관계를 맺은 나머지, 수렁에 빠져 비명을 올리는 편지도 여러 통 있었다.

　나는 온갖 독자들의 편지를 앞에 놓고, 아직도 수많은 사람이 누구에게도 호소할 길 없는 안타까운 마음을 품고 사는 현실을 생각하지 않을 수 없었다.

　그와 동시에 나 역시도 그중의 한 사람이라는 것을 몇 번이나 생각했는지 모른다.

　이 책에 거론한 문제는 되도록 일반적인 것만을 골랐다. 그중에는 특수한 문제가 없는 건 아니지만, 생각해 보면 한 사람의 문제는 우리 모두의 문제이기도 했다.

　한 사람이 봉급 문제를 들고 나온다. 혹은 집안에서의 폭력 문제를 들고 나오면, 그 부모와 형제, 친척, 교사 등이 동시에 크게 고통받게 된다.

　다시 말해서, 누군가의 문제는 많건 적건 우리 자신의 문제이기도 하다. 그런 까닭에 이 편지 형식의 수필은 모든 사람의 가슴에 질문을 던지는 편지라고도 할 수 있다. 아무튼,

'만일 한 지체가 고통을 받으면 모든 지체도 함께 고통을 받고…'(신약성서 고린도전서 제12장 26절)

이라고 쓰여 있는 바와 같이, 인간은 연대적 존재가 아니면 삶이 유지될 수 없다.

그런데 이 수필은 앞에서 말한 바와 같이, 「아야코의 편지」라는 제목이었는데, 단행본으로 만들 때 「여인의 사연들」이라고 제목을 바꾸었다.

연재할 때부터 한 권의 책이 될 때까지 오랫동안 「마미이」 지誌 편집장 키타바야시北林 씨께 참으로 따뜻한 격려를 받았다.

다달이 매회 친절한 감상을 말씀해 주셨고, 내가 아파 누웠을 때는 혈육처럼 진실이 담긴 따뜻한 말씀을 해 주셨다.

깊이깊이 감사의 말씀을 드린다.